ピアスタッフとして働くヒント

精神障がいのある人が輝いて働くことを応援する本

監修

大島　巌

編

加藤伸輔

岩谷　潤

斉藤　剛

宮本有紀

星和書店

発刊にあたって

　こんにち世界の精神保健福祉サービスの領域では，ピアによるサポート活動，当事者スタッフや当事者サービス提供者など精神障碍当事者の関与をサービス提供の中核に位置づけることが必要であり，また有効であることが活発に議論されています。

　特に，2003 年に発表されたアメリカの精神保健に関する大統領新自由（ニューフリーダム）委員会レポートでは，「精神保健サービスの当事者が，ケアシステムの中心に立つべきであり，システムではそのサービスと支援を当事者が設計，管理，提供，および監視する方法を開発する必要がある」と述べています。当事者運営サービスとピアサポートは，当事者のリカバリーに働きかける重要なアプローチとしました。これに対して，従来の精神保健福祉サービスは，「サービスを提供している人たちの一番大切な目標『リカバリーへの希望』を目指していない」とし，当事者が望む希望を実現し，リカバリーの途を進むためには，ピアサポートによる実践が有効と位置づけています。

　これは，アメリカに限らず，リカバリーカレッジの実践で注目されるイギリスのほか，カナダ，オーストラリア，イタリアなど世界各国に共通する近年の顕著な動向です。実践的にも，政策的にも研究的にも，ピアによるサポート活動を取り入れた活動が活性化し，注目を集めています。

　このような中，日本でも精神保健福祉サービスの中で，当事者の方が「ピアスタッフとして働く」ことへの関心が高まっています。これを受けて，「ピアスタッフとして働く」人たちが集う第 1 回ピアスタッフの

集いが2012年に開催され，そこが母体になって，2014年に日本ピアスタッフ協会が設立されました。また，「ピアサポート専門員」を育成するための取組みも，2012年から始まり，養成テキストガイドが作成されています。また，「精神障がい者ピアサポート専門員を育成する事を目的」に，2015年に一般社団法人日本メンタルヘルスピアサポート専門員研修機構が設立されるようになりました。千葉県などいくつかの自治体では，独自事業としてピアサポート専門員養成研修に取り組むところもでてきました。

　私が関わる認定特定非営利活動法人地域精神保健福祉機構・コンボが主催するリカバリー全国フォーラムでも，2009年の第1回フォーラムからピアサポートを取り上げ，分科会でも継続的にピアスタッフの可能性と課題を議論しております。

　このような中，本書『ピアスタッフとして働くヒント』が，出版されることはたいへん時宜にかなったことと思います。特に日本では，近年ようやく「ピアスタッフとして働くこと」が脚光を浴び，各地でピアサポート専門員の養成が進められるようになりました。しかしその雇用は進まず，また支援機関に就職しても一人職場などで孤立したり就労継続が困難になることも少なからずあります。

　これに対して本書は，全国各地の具体的な取組み事例を多く取り上げて全体を俯瞰するとともに，さまざまな課題に対しては，実例に即した具体的な「ヒント」を提供しています。

　また本書は，ピアスタッフ経験者である加藤伸輔氏を編者代表に，ピアスタッフを雇用する立場の精神保健福祉士斉藤剛氏，そしてピアスタッフが支援チームメンバーである精神科医岩谷潤氏，さらにピアサポートの看護学研究者である宮本有紀氏が編者です。ピアスタッフに関わる多様な立場の関係者が執筆陣に加わって，社会全体でピアスタッフの社

会実装を進める著書になっている点に特長があります。

　「ピアスタッフとして働く」ことに関心のある当事者の方々，ピアスタッフを雇い入れることに関心のある支援機関の関係者の皆さま，そしてピアスタッフの取組みを社会に広げることに関心のある多くの皆さまに本書をお読み頂き，ご活用頂くことを願っています。

　　　　　　　　2019 年 7 月
　　　　　　　　日本社会事業大学社会福祉学部
　　　　　　　　認定 NPO 法人地域精神保健福祉機構コンボ
　　　　　　　　　　　　　　　　　　　大島　巌

はじめに

「ピアスタッフが現代の精神保健医療福祉を変える！」

このように期待され，近年，メンタルヘルスの領域において「ピアスタッフ」という存在が脚光を浴びています。一方，現場では「ピアスタッフとして働きたいけれど不安だし，何から始めていけばよいかわからない…」「ピアスタッフを雇いたいが具体的にどう進めていけばよいだろう？」「ピアスタッフとして雇用されたが，今のままでいいのだろうか…」といった声が飛び交っています。

このような人々の悩みを解決するヒントになる情報を提供したいという思いから，本書は企画されました。

本書は，現在ピアスタッフとして活躍している人々をはじめ，研究，医療，福祉，行政の各分野でピアスタッフと深く関わりのある人々によって，なるべく専門用語を使わず，わかりやすい言葉を用いて執筆されています。ピアスタッフを知るうえで大切な考え方，歴史的背景，制度などに加え，ピアスタッフや彼らと協働している人々の思いや葛藤など生の声も収録されており，ピアスタッフについてのすべてを網羅する一冊となっています。

本書においては，次のようにピアスタッフを定義します。

「精神障がいや疾患を通して得た自身の経験を生かして，事業所等と雇用契約（常勤，非常勤を問わず）を締結し，利用者のリカバリーに資する職員」

上記を指して，「ピアサポーター」と呼称されることもあります。日

本では「精神障害者地域移行・地域定着支援事業実施要綱」において「精神障害者ピアサポーター」と使用された経緯があり，現在でも多く用いられています。

本書で用いる名称をどのように表記するかについて企画の段階で話し合うなか，「ピアサポーター」という言葉からは「雇用契約を締結する職員」という意味合いが薄れてしまうのではないかという見解にたどり着きました。前述の経緯を知らなければ，「ボランタリーで（職業としてではなく）ピアサポート活動をする人」を意味する「ピアサポーター」と混同してしまう人も多いと考えられます。そのようなことを避けるために，**本書では「ピアスタッフ」という表記で統一**します。ただし，前述の経緯もあり，制度上の呼称などは「ピアスタッフ」の定義を指して「ピアサポーター」と表記されている場合がありますのでご了承ください。

本書は以下のように構成されています。

第1章は，ピアスタッフの支柱である**「ピアサポート」「当事者性」「専門性」**について書かれています。これらは「ピアスタッフ」を語る前提として理解しておきたい本質的な内容です。この部分をあいまいにしたまま「ピアスタッフ」という言葉を用いてしまうことが現場に混乱を招く原因だとわたしは考えています。

第2章では，ピアスタッフに関する研究および日本の医療，福祉の現場における**ピアスタッフの現状**を述べます。また，**諸外国における動向**について紹介します。

第3章では，「ピアスタッフの仕事と役割」を中心に取り上げました。ピアスタッフとして活躍されている執筆陣が，ピアスタッフになった経緯や現状，そのなかでの葛藤について述べます。また，ピアスタッフの仕事内容や働くうえで身につけておきたい知識，スキル，コツについても触れています。**ピアスタッフを目指す人にとって参考になる内容**

です。

第4章では，**ピアスタッフの雇用の現状**に触れながら，雇用における心得や採用に際しての提言が書かれています。雇用する側の視点からピアスタッフについて考察します。

第5章は，メンタルヘルスの現場における**ピアスタッフの可能性**について書かれています。

第6章は，ピアスタッフが**働いていくうえでの課題と対応**について制度，環境，配慮など多角的な視点から書かれています。

第7章では，行政，研究，医療，福祉に携わる人々およびピアスタッフが，それぞれの立場からピアスタッフの**今後の展望**について述べます。

ピアスタッフとメンタルヘルスに関わるすべての人との対話と協働こそが，現代の精神保健医療福祉の行き詰まりを打開し，ひいては社会全体を変革する原動力になる可能性を秘めています。

ピアスタッフという存在をきっかけに，だれもが「いい感じの自分」でいられるような，あたたかい世の中になることを願っています。

2019 年 7 月

編者代表　加藤伸輔

【 目 次 】

発刊にあたって……………………………………………大島　巌…iii
はじめに………………………………………………………加藤伸輔…vii

第1章　ピアスタッフとは　　　　　　　　　　　　　　　1

精神保健福祉領域におけるピアサポートとは……………　相川章子…2
ピアスタッフとしての私の歩みと日本ピアスタッフ協会
　………………………………………………………………　磯田重行…9
ピアサポートの感覚を大切に…………………………………　加藤伸輔…14
ピアスタッフの当事者性………………………………………　彼谷哲志…19
ピアスタッフの専門性とは……………………………………　宮本有紀…24

第2章　ピアスタッフの現状　　　　　　　　　　　　　29

福祉におけるピアスタッフ……………………………………　斉藤　剛…30
アウトリーチ・チームにおけるピアスタッフ
　：医療の新しいかたち　………………　岩谷　潤，伊藤順一郎…35
ピアスタッフに関する研究……………………………………　宮本有紀…40
事業所を運営するピアから……………………………………　矢部滋也…45
米国におけるピアスペシャリストとは………………………　相川章子…49
英国におけるピアの働きについて……………………………　佐々木理恵…58
フィンランドの「経験専門家」というピアサポートのあり方
　………………………………………………………………　下平美智代…64

第3章　ピアスタッフになること：その仕事と役割　　69

ピアスタッフになり活動すること：私の体験から①
　：まず，自分の想いと言葉と行動

そして，誰かに助けてもらうこと ……………………… 高柳　律…70

ピアスタッフになり活動すること：私の体験から②
　：当事者ソーシャルワーカーとして働く ………… 稲垣麻里子…77

ピアスタッフになり活動すること：私の体験から③
　：淡路島での経験から…………………………………… 柳　尚孝…83

ピアスタッフになり活動すること：私の体験から④
　：私にもできることがある……………………………… 上野康隆…90

「経験を語り聴く」仕事 …………………………………… 川村有紀…97

ピアスタッフに求められるコミュニケーションスキル… 彼谷哲志…104

ピアスタッフとして働き続けるコツ…………………… 加藤伸輔…111

ピアスタッフとして働くために必要な知識とスキル（研修）
　……………………………………………………………… 岩崎　香…118

第4章　ピアスタッフを雇用して活用するには　　　125

ピアスタッフの雇用の現状………………………………… 松本衣美…126

雇用する側の心得………………………………………… 斉藤　剛…132

アウトリーチ支援におけるピアサポート：その意義と留意点
　…………………………………………… 下平美智代，川村　全…139

採用までの流れについて：提言…………………………… 相川章子…146

第5章　ピアスタッフの可能性　　　159

ピアスタッフの働きがもたらす新しい支援の可能性…… 矢部滋也…160

浦河でピアスタッフだからこそ助けられること………… 伊藤知之…167

ピアスタッフが福祉を変える……………………………… 斉藤　剛…172

社会を変えて自分を救うピアサポート…………………… 佐藤光展…178

第6章　ピアスタッフの課題と対応　　183

制度という視点からピアスタッフの現状を考える………　飯野雄治…184

医療機関でピアとともに協働するための配慮……………　肥田裕久…192

ピアスタッフが働きやすい環境とは……………………………　中田健士…199

ピアスタッフを取り巻く課題とそれを乗り越え成長するために
　：トレーニングとスーパービジョン　………………　西村聡彦…206

第7章　ピアスタッフの展望　　215

ピアの活躍を応援しやすい制度を考える…………………　飯野雄治…216

ピアスタッフが働くにあたり日本で起こり得る困難と課題
　：研究の立場から　………………………………　宮本有紀…223

アウトリーチ・チームにおけるピアスタッフの展望

　…………………………　岩谷　潤，伊藤順一郎…228

福祉の立場から………………………………………………　斉藤　剛…233

一ピアスタッフの立場から…………………………………　加藤伸輔…238

第8章　座談会　　243

ピアスタッフ×大学教員／看護師×医師×ソーシャルワーカーによる座談会
　：多職種の対話でみえてくること
　………………　加藤伸輔，岩谷　潤，宮本有紀，斉藤　剛…245

おわりに……………………………………………………　加藤伸輔…263

第1章 | ピアスタッフとは

●●● 第1章　ピアスタッフとは

精神保健福祉領域における
ピアサポートとは

相川章子
聖学院大学 心理福祉学部

ピアサポートとは

1. ピアサポートの定義

ピアサポートの定義は様々な領域で，様々な定義がされています[1~4]。

そもそもピア（peer）とは，仲間，同輩，同等の地位の人を意味します。サポート（support）とは，支援（する），援助（する），支持（する）という名詞および動詞として使われます。この2つの言葉が合わさった「ピアサポート」は，対等な仲間同士が一方的に支えるのではなく「支えあう」と変化します。

本稿では，ピアサポートを広義に捉え，「同様の経験をしている対等な仲間同士の支え合いの営みのすべて」と定義します。

2. ピアサポートの歴史的背景

ピアサポート（Peer Support）という用語が用いられるようになったのは，1909年にニューヨークで非行防止を目的として制度化されたBBSプログラム（Big Brothers/Big Sisters program）とされています。近似した用語として mutual support や mutual aid，欧米では mentor なども用いられてきました。

精神保健福祉領域においては，ラリー・ディヴィッドソンは，その起源を 18 世紀後半にパリのビセートル病院にて主任医師ピネル（P. Pinel）が，回復した患者を病院のスタッフとして雇用したことだとしています[5]。

また，1935 年にアメリカ合衆国でアルコホーリック・アノニマス（AA；匿名のアルコール依存症者たち）という飲酒問題を解決したいと願う相互援助の集まり（自助グループ）が生まれました。

3. ピアサポートの価値および意義

ピアサポートは，前述した通り同様の経験をしたもの同士による対等な関係性のなかで生まれる支え合いの総体です。対等性や関係性というのは目に見えるものではないため捉えにくく，可視化できることは「同様の経験」です。同様の経験を「語り合う」ことが対等な関係性を創出するツールとなります。筆者はこれを "ピアサポートを生み出す接着剤" と表現しています。そしてその接着剤が強固に働くのは，とりわけ「語れない経験」「語ってはいけないと思っていた経験」のある人々です。そのなかに精神疾患や障害があること，精神科に通院していること，そうした家族がいることなどをひた隠しにして生きている人々がいます。世界保健機構（WHO）によれば精神疾患は一生涯を通して 4 人に 1 人は罹る病であるとされており，それを考えると，いかに多くの人がありのままに語れない不自由さのなかで生きているかが窺えます。

ピアサポートが生み出す「経験の語り合い」は，同様の経験をしている人の語りを聞くと，語り手と聞き手が「わかちあう」瞬間が訪れ，「一人ではなかった」という孤立からの解放に気づきを得ます。そして，自分の経験を自ずと語りたくなるダイナミクスが生まれ，語り始めるのです。これまで語っても理解されず，「周りに人がいなくなってしまった」経験のある人にとって，自分の経験が共感され，理解される経験を通して，「自分は自分でいい」「病気があっても自分らしく生きよ

う」という自尊心が芽生え，リカバリーの一歩を歩み出すきっかけとなります。

「語れない経験」は「わかってもらえるはずがない経験」でもあり，そこに語ろうとするモチベーションは生まれる由もありませんでした。語ることができない同様の経験のある人同士が出会う場を意図的に設定することで，安心して経験を語り合うことができるようになります。「経験を語る」ことで，マイナスの経験がプラスの経験へと価値の転換が起こります。そして自分自身をありのままに受け入れ，もしくは折り合いをつけながら，自尊心が芽生えてくるのです。経験の語り合いによってリカバリーが循環していく，つまりピアサポートはリカバリーを生み，その循環を生む大きな要素であると言えます。このことは，アメリカ連邦保健省薬物依存精神保健サービス部（SAMHSA）が唱える「リカバリーの10の基本的要素」（2006）とも合致するものです[i]。

4. ピアサポートの捉え方のレベル

そのため，ピアサポートの捉え方のレベル（枠組み）も一様ではありません。主には，①医療およびリハビリテーションサービスとして（サービス論），②支援アプローチとして（技術論），③関係性の在りようとして（関係論），④新たな価値枠組みとして（価値論）などが挙げられます。実践論が先行している現状ではサービス論および技術論での議論が多く，「ピアサポートとは何か」という理論的な議論展開は希薄であるため，結果として「ピア」という言葉が氾濫し，様々な意味合いで使用される現状を作り出してしまっていると言えます。

---

i：SAMHSA's National Consensus Statement on Mental Health Recovery/"The 10 Fundamental Components of Recovery"（2006）のなかでは，① Self-Direction（自己志向），② Individualized and Person-Centered（個別化と個人中心），③ Empowerment（エンパワメント），④ Holistic（全体性），⑤ Non-Linear（非直線的），⑥ Strengths-Based（ストレングス基盤），⑦ Peer Support（ピアサポート），⑧ Respect（尊重），⑨ Responsibility（責任），⑩ Hope（希望）の10の基礎的要素を定義している。

図1　ピアサポートの様々なカタチ

5. ピアサポート活動の展開領域

現在では，ピアサポート活動の実践は，教育現場（義務教育，高等教育等），若者支援（非行少年，子供若者支援，不登校等），医療（がん，HIV，糖尿病等），保健（母子保健），福祉（障がい，高齢等），地域生活支援（ひきこもり，貧困等）などなどのあらゆる領域に広がりを見せています。それらは先行した実践や理念を継承しているものではなく，各々の領域でニーズに応じて生まれてきており，各々の領域毎の実践として議論を展開しています。

ピアサポートの様々なカタチと最近の活動事例

ピアサポートには，①インフォーマルなピアサポート，②フォーマルなピアサポート，③仕事としてのピアサポートの大きく3つのカタチがあります（図1）。それぞれに成り立ちや歴史，在りようが異なっています[6]。

1. インフォーマル（自然発生的）なピアサポート

インフォーマルなピアサポートは，友人とアフター5にお酒を飲みながら仕事の愚痴をこぼしたり，近所を散歩していると同じ目標を持つ仲間に出会い励まし合いながら汗を流すなど，誰もが経験したことのある自然発生的なものです。

2. フォーマル（意図的）なピアサポート

フォーマルなピアサポートは，意図的に同様の経験のある者同士が出会い，支え合う場を設定するもので，例えば，精神障害のある当事者会や家族会などのセルフヘルプ・グループ，サポートグループなどを指します[ii]。「語れない経験」を持つ人々は，一方で「聞いてもらいたい」「語りたい」「他の人の経験も聞きたい」という気持ちを持つものです。そこで共通する経験の「看板」が掲げられていれば，安心して同様の経験のある人々同士で語り合うことができます。

3. 仕事としてのピアサポート（ピアスタッフ）

さらに，仕事として金銭的報酬を得てピアサポートを実践するピアサポーターなどが活躍するようになっています。日本ではピアスタッフ，ピアサポーター，当事者スタッフなど様々な呼び方をされています。米国ではニューヨークで開発されたピアスペシャリスト制度を2000年にジョージア州が資格制度として認定するとともに，認定ピアスペシャリストによるサービスをメディケイド（アメリカの低所得層向けの公的な

---

ii：セルフヘルプ・グループとサポートグループは近似のグループであるが，厳密には若干の区別がされている。セルフヘルプ・グループは，共通のニーズを持った当事者同士による自律的・自発的（ボランタリー）グループで，役割を分担し対等性を何よりも重視し，専門職などはおかない。一方で，サポートグループはある組織や機関に属したファシリテーターと呼ばれる専門職やピアサポーター（米国ではピアスペシャリスト）などによって進行されるものとしている。

iii：文献7では合計25,419人とされているが，本調査メンバーの一人であるJ.Wolfは，2016年8月にフィラデルフィアで開催された国際ピアサポート会議（国際ピアサポーター協会主催）のなかで，実際には活動していない資格取得者を含めると3〜4万人と予測している。

医療扶助制度）の償還対象としました。この成功によって，認定ピアス
ペシャリスト制度は全米に広がり，2016 年 7 月の全米調査によると，
41 州がメディケイド対象サービスとして州認定ピアスペシャリスト制
度を導入しており，全米で約 2.5 万人[iii]の認定ピアスペシャリストが活
躍しています[7]。

　このようにピアサポートは幅広い概念であり，現在はそのありようも
多岐にわたっており，また多様化しています。文脈によっても，また使
い方によっても，その意味合いは異なっています。そもそも，そういう
違いを意識することなく使用されているように思います。
　ピアスタッフの登場によって，改めて「真のピアサポートとは何か」
について問いなおされています。ピアスタッフが専門職化してしまいピ
アサポートの対等性を見失ってしまうことがないよう，「真のピアサポ
ート」を追い求め続ける新たな専門職として確立されることを望みま
す。

【付記】　本稿は，相川章子：ピア文化とコミュニティ・インクルージョン．
精神科，31（6）：538-543，2017．の一部を加筆修正したものです。

文　　献

1）西山久子，山本力：実践的ピアサポートおよび仲間支援活動の背景と動向：ピアサ
　　ポート／仲間支援活動の起源から現在まで．岡山大学教育実践総合センター紀要，
　　2：81-93，2002.
2）坂本智代枝：精神障害者のピアサポートの現状分析と課題に関する研究．平成 18
　　年度大正大学学術研究助成研究成果報告書，p.57-63，2006.
3）Williams, K.N., Brook, R.H.: Foreign medical graduates and their impact on the
　　quality of medical care in the United States. Milbank Mem. Fund Q. Health Soc.,
　　53；549-581, 1975.
4）Solomon, P.: Peer support/peer provided services underlying processes, benefits,
　　and critical ingredients. Psychiatric Rehabilitation Journal, 27；392-401, 2004.
5）Davidson, L., Chinman, M., Kloos, B. et al.: Peer support among individuals with

severe mental illness: A review of the evidence. Clinical Psychology: Science and Practice, 6；165-187, 1999.

6）相川章子：精神障がいピアサポーター．中央法規出版，東京，2013.

7）Kaufman, L.K., Kuhn, W.B., Manser, S.S.: Peer Specialist Training & Certification Programs: National Overview 2016. Texas Institute for Excellence in Mental Health, Texas, 135, 2016.

●●● 第1章　ピアスタッフとは

ピアスタッフとしての私の歩みと
日本ピアスタッフ協会

磯田重行

リカバリーセンターくるめ

「ピアくるめ」での勤務

　私がピアスタッフになってから17年が経ちます。当時の職場では「ユーザー職員」と呼ばれていました。ユーザーとは精神医療を利用する消費者ということであり，つまりは「精神疾患を抱えた職員」ということです。私は24歳で統合失調症を発症し，現在も精神科に通院し，服薬を続けています。17年前，私が32歳の時，障害者生活支援センター「ピアくるめ」が，精神科に通院しているユーザー職員を4人雇用すると求人を出しました。当時，ピアカウンセリングという言葉をよく耳にするようになった時期でしたが，まだピアスタッフ，ユーザー職員という言葉は聞き慣れませんでした。採用試験のことはいまでもよく覚えていますが，十数名の応募者が作文と面接で選考されました。この頃から，自分の体験を生かして仲間の手助けをしたいと思う当事者が多かったのでしょう。

　「ピアくるめ」での勤務は，基本的には1日6時間・週3日の非常勤でした。働き始めた頃は，ユーザー職員と言っても何をしてよいのかわからず，利用者の仲間と延々と煙草を吸いながらおしゃべりをしていました。当時の私は，まだ体力も気力もなく，1日勤務すると2日間はゆ

っくり休まなければ活動できない状態でした。

　そんな時，当時の施設長からの「何か集まりをやってみたら」という言葉から，私は自分が長く自宅で過ごし，ひきこもっていた経験を仲間と共有するために「ひきこもりの集まり」という時間を担当することになりました。この集まりは週に1回，夕方の数時間，行っていました。久留米市内の病院やクリニック，保健所などに広報したところ，"ひきこもりの人なのだから，そんなに集まらないだろう"という予想に反して，毎週4，5人の仲間が集まり，思い思いの時間を過ごしました。この集まりは5年以上続き，最終的には10名以上の集まりになりました。この「ひきこもりの集まり」が私の「ピアくるめ」時代の核となる仕事になり，この集まりから訪問活動などの支援にまで発展していきました。

　当時の精神障害者生活支援センターは，当事者の様々なニーズに応える場所であり，病気の経験を持ったユーザー職員と呼ばれる我々にとって，仕事の幅を広げていくには最適な制度であったと思います。「ピアくるめ」では，前述の通り私を含めて4人のユーザー職員が雇用され，それぞれが個性を活かして仕事を作っていきました。私は「ピアくるめ」時代に通信制の専門学校に通って精神保健福祉士の資格を取得し，支援のための知識を深めることができました。

● 同僚や利用者に病気のことを開示して働く

　38歳で「ピアくるめ」を退職し，精神科クリニックのデイケアで非常勤として働き，そして40歳になる頃，社会福祉法人つばめ福祉会が運営する地域活動支援センター「ぷらっと」に入職することになりました。「ぷらっと」は福岡市早良区にある地域活動支援センターⅠ型であり，相談支援事業所でもあります。担当としては居住サポートを担当する精神保健福祉士として採用されました。すでに「ぷらっと」には3人

のピアスタッフが非常勤として働いていました。福岡市内の7区にそれぞれ「ぷらっと」と同じ活動支援センターが設置され，各センターに複数のピアスタッフが雇用されていました。福岡市のセンターのピアスタッフは「ピアくるめ」のユーザー職員を参考にして雇用され，当初より呼び名をピアスタッフとしています。市内の各センターでピアスタッフの働き方や勤務時間は違いますが，福岡市精神保健福祉センターの主催する合同の研修会に参加するなどして，お互いの仕事について共有していました。

　私はピアスタッフとしての雇用ではなく，常勤の精神保健福祉士として勤務しましたが，当初より自分の病気のことを同僚や利用者にも開示していました。私自身の思いも専門家として支援するのではなく，同じ経験を持ったピアスタッフとして利用者に接したいという気持ちが強かったのです。「ぷらっと」に入職した次の年の4月から施設長を任されることになりました。施設長の仕事は責任が重く，辛いと感じることもありましたが，同僚の協力と頑張りで2年間務めることができました。そして2013年の4月より，法人内の異動により就労継続支援B型事業所である「ピアつばめ」の施設長になりました。「ピアつばめ」にも，私以外に非常勤ですが，ピアスタッフが勤務していました。2年後の2015年10月からは，多機能事業所として生活訓練事業もスタートさせました。

自己研鑽し，自ら仕事を作らなければならない

　17年前，私がピアスタッフになりたてのころは，とても珍しがられ，全国的にもその存在が注目されました。今では地域活動支援センターだけでなく，就労系事業所，グループホーム，または精神科病院でもピアスタッフは雇われています。しかしピアスタッフの仕事内容，勤務状況は一般支援職員に比べて確立されていない分，決してよい状況とは言え

ません。働いている現実はあるものの，雇用契約が結ばれておらず，最低賃金も払われていないなど，不当な扱いを受けているピアスタッフもいるといいます。また，ピアスタッフに明確な役割，仕事が与えられず，マスコット的に雇っている事業所もあるといいます。雇用する側の問題だけでなく，積極的に仕事に取り組まず，楽をして割のよいアルバイトと捉えているピアスタッフも存在します。ピアスタッフとはいえ，日々自己研鑽し，自ら仕事を作っていかなければ，その存在意味はないでしょう。ピアスタッフも支援者である以上，同僚の専門職員と共に利用者に寄り添い，その生活を支えていかなければならないのです。支援の職場では，チームで動き，協力していくことが基本であると思います。それができなければ，ピアスタッフも職業として成り立たないのではないでしょうか。

　ピアスタッフに必要なのは，一般支援職員と同じように利用者に寄り添い，その生きづらさを共感する感性です。もちろん知識や技法も必要ですが，なによりピアスタッフ本人の人間力で勝負しなければなりません。肩書だけでは当事者支援はできないと思います。

おわりに

　私が病気を発症して今年で25年になります。25年前，病院と保健所以外に相談できるところもなく，私の家族は混乱し，先の見えない絶望の中にいました。25年が経ち，相談できる場所も増え，ピアスタッフのように回復している人の体験談も聞くことができます。ピアスタッフはリカバリーモデルであり，希望を与える存在でもあります。私は，精神保健福祉の分野でピアスタッフが実際の支援の場で活躍することが，病気の渦中にある本人と家族にとって支援のひとつのツールに留まらず，目標となり希望の光となれると信じています。

　2014年，全国の仲間が集まって日本ピアスタッフ協会を設立しまし

た。また，「全国ピアスタッフの集い」を6回開催し，2018年は初めて関西で7回目を開催する準備をしました。2017年からは私が会長を任されています。日本ピアスタッフ協会は，全国に存在するピアスタッフの交流と自己研鑽を目的に微力ながら活動しています。協会活動にはいろいろな難しさを感じていますが，孤立しながら頑張っている全国の仲間の希望になればと思っています。

　また2018年，2月からは私自身が経営する福祉サービス事業所「リカバリーセンターくるめ」を開設しました。私を含め5人のピアスタッフが働いています。運営はまだまだ順調とは言えませんが，みんなが希望を持ちながら支援しています。

　最近は日々の仕事や生活に追われている感覚がありながら，私は自分自身の道を歩んでいると実感が持てるようになりました。最後に，全国で迷いながら活動しているピアスタッフに「必ず希望は現実になる」とエールを送り，それぞれが自らの道を歩んでいくことを期待しています。

●●● 第1章　ピアスタッフとは

ピアサポートの感覚を大切に

加藤伸輔
ピアサポートグループ在

「自分の経験を活かして，障がいのある人を支えたい」

　ピアスタッフになりたい人，ピアスタッフとして働いている人から，こういう話を聞くことがあります。この思いは大切です。しかし，そこに「ピアサポートの感覚」が抜け落ちてしまっているのではないかと私は不安になることがあります。この感覚こそがピアスタッフという存在の基盤になると考えているからです。

　「ピアサポートの感覚」とは何か？　なぜ大切にしてほしいのか？実体験を交えて述べていきます。

⬤ ピアサポートの感覚とは

　相川は，ピアサポートとは「同様の経験をした仲間同士による対等な関係性の中で生まれる支え合いの営みのすべて」[1]と定義しています。私はこのインフォーマル（自然発生的）なピアサポートのなかでこそ味わえる，理屈では説明できない，あたたかく心地よい感覚を指して「ピアサポートの感覚」と呼んでいます。

　精神障がいを抱えてから私が初めてこの感覚に触れたのは，デイケアの帰りに過ごした喫茶店の中でした。

第1章　ピアスタッフとは　15

　当時，私は生活保護を受けていたこともあり「自分は誰からも必要と
されていない」「迷惑な存在でしかない」という思いに苛まれていまし
た。しかし，デイケアで出会った友人と一杯のコーヒーだけを注文し
て，3時間も4時間も話をする日々を過ごすうちに，私はほっこりした
気持ちになれたのを覚えています。そこでの私たちは，障がいによる生
活のしづらさや悩みごとを吐き出し合うだけでなく，純粋にその場での
おしゃべりを楽しんでいました。

　これが私にとってのピアサポートの原点であり，ここで味わえたもの
こそが，「ピアサポートの感覚」です。

● ピアサポートの感覚を失ったピアスタッフ

　私が初めて「ピアスタッフ」という言葉を耳にしたのは，デイケアに
通っていたころでした。もっとピアスタッフについて知りたいと思い，
その年に行われたコンボ（認定NPO法人地域精神保健福祉機構）が主
催するリカバリー全国フォーラムに参加しました。

　そこで出会ったピアスタッフの人たちの姿を見て「今まで負の存在で
しかなかった自身の障がいの経験を活かして，もう一度，自立した生活
ができるかもしれない」と希望を感じました。私もピアスタッフになろ
うと決意しました。

　ピアサポート専門員養成研修（（一社）日本メンタルヘルスピアサポ
ート専門員研修機構主催）やピアスタッフの集い（日本ピアスタッフ協
会主催）をはじめ，ピアスタッフになるために役立ちそうな場へ積極的
に足を運びました。また，そこで知り合ったピアスタッフの人たちとフ
ェイスブックなどでつながり情報を集めていきました。このような活動
とご縁のおかげで，3年後にはグループホームの世話人として常勤のピ
アスタッフとして働くことになり，経済的にも自立できました。

　しかし，働いていくなかで違和感を覚えました。ピアサポーターとし

ての活動とピアスタッフとして働くことの間に大きな隔たりを感じたからです。ピアサポートグループ在で活動をしているときのピアサポートの感覚が，ピアスタッフとして働いているときには生かせていませんでした。それどころか，「ピアスタッフとして働くうえでピアサポートの感覚をもつのは好ましくないのでは？」とさえ考えるようになっていました。

　給料をもらっているから，他の支援者と同じような支援をしなくてはならない。私はそのように錯覚してしまったのだと思います。ピアサポートの感覚を失った，いわば「名ばかりのピアスタッフ」になっていました。

　このような中，私はピアスタッフとして働くことに対するモチベーションを保てなくなり退職することにしました。この出来事があらためてピアスタッフの役割とは何かを考えるきっかけとなりました。

ピアサポートの感覚を大切に

　退職後，時間をかけてこれまでの自分を振り返るなかで，あの喫茶店でのピアサポートの感覚こそが，わたしのリカバリーの原点だったとしみじみ想い起こしました。あの時の感覚を大切にしながら利用者と関わり，共にリカバリーしていくことこそが，ピアスタッフとしてのわたしの役割だと確信しました。

　いま私は「ピアサポートの感覚を味わえる場づくり」と「安易な助言をするのではなく一緒に考えていくこと」を大切にしながら，ピアスタッフとして働いています。

ピアサポートの感覚を味わえる場づくり

　私はピアミーティングのファシリテーター（進行役）を担当しています。ピアミーティングは，参加者がテーマに沿って話をしていくなか

で，共感したり気づきを得たりしながらあたたかく心地よい時間を過ごせる場です。

　ピアミーティングの場を支援者がつくることは難しいかもしれません。なぜなら，彼らと利用者の間にはどうしても「支援する－される」という垂直の関係があるからです。ピアサポートを感じられる場づくりというのは，利用者と水平の関係を保てる存在であるピアスタッフだからこそ果たせる役割です。

安易な助言をするのではなく一緒に考えていくこと

　主体的であることはリカバリーにとって不可欠です。

　デイケアに通い始めたころ，それまでの孤独な思いをスタッフさんに聞いてもらえたことで，私は救われました。また，いろいろなプログラムに参加していくなかで，徐々に自身の調子を安定させることができました。

　ある日の面談で，デイケア卒業後の進路についてスタッフさんと話す機会がありました。そのとき，私は就労移行支援事業所に行くことを提案されました。もし勧められるがまま行動していたとしても，それはそれでリカバリーできたかもしれません。しかし，それは受動的なリカバリーになっていたことでしょう。

　私はピアサポートの感覚をきっかけに取り戻した主体性によって，自分の人生を自分で選択し，いまの自分らしいリカバリーのかたちを手に入れることができました。

　支援者からの垂直の支援が必要な時期はあります。しかし主体性を取り戻すことなくして，自分らしいリカバリーの道は歩めないと実感しています。

　考えることの放棄はリカバリーを阻害します。相手が相談してきたとき，私は自身の体験的知識を押し付けるのではなく，あくまでも情報の一つとして伝えるよう心掛けています。そして安易な助言をするのでは

なく，一緒に考えていくことを大切にしています。

　ピアサポートの感覚を失わないためには，ていねいにそれを確認し続けて定期的にメンテナンスできる場を持っておくことが大切です。私は在のピアミーティングやWRAPクラスの場へ参加することによって原点回帰できています。
　「ピアサポートの感覚を大切に」
　ピアスタッフとして働くにあたって，私はいつもこう心に留めています。

文　献

1）相川章子：リカバリーに仲間の存在は不可欠．こころの元気＋，12（7）：7，2018．

●●● 第1章　ピアスタッフとは

ピアスタッフの当事者性

彼谷哲志
特定非営利活動法人あすなろ

当事者性という言葉

　ピアスタッフ業界では，「当事者性」や「専門性」というキーワードをよく耳にします。広辞苑を調べたところ，「当事者性」と「専門性」は収録されていませんから，耳慣れない人も多いと思います。どのような場面で当事者性という言葉が用いられているのか，例を挙げます。

- ・ピアスタッフが（病気ではない）他のスタッフと同じ業務内容であることに不満を感じて，「もっと当事者性を発揮できる仕事をしたい」と希望している。どうしたらよいのだろう？
- ・ピアスタッフが制度について勉強しようと思い，スタッフに相談したところ，「制度のことは僕たち専門職に任せてもらって，当事者性を活用してほしい」と言われた。
- ・ピアスタッフが会議に出席して，当事者性を意識して発言したが，他の医療福祉専門職とうまくかみ合わなかった。

　他にも「当事者ならでは」「当事者として」「当事者目線」といった表現で使われているようです。

職場と当事者性

　先ほどの例から，当事者性は支援者との対比で用いられる場合が多いことに気づきます。以前，「ピアスタッフは上から目線ではなく横から目線」というフレーズを目にして，"うまいこと言うなぁ"と感心したことがあります。

　ところで，ピアスタッフの大半は精神科病院やクリニックに通院している患者であり，福祉サービスを利用している利用者もいます。プライベートでは支援される立場ですが，仕事では支援する立場でありながらも当事者性を活かしてほしいと期待されるという，ややこしい立ち位置です。「上から目線」になりがちな職場文化のなかで「横から目線」でいることは，当事者性を発揮するよい例だと思いますが，それはピアスタッフの努力だけでは難しく，孤立する危険性もあります。職場全体が変わらなければ実現できないことです。そのため，支援者の理解が欠かせません。

　「利用者はどうして薬を飲まないのだろう」と愚痴をこぼす支援者に対して，「私もお薬の飲み忘れは多いですよ。飲み続けることはホント難しいです」と伝えることがあるのですが，同僚や上司に苦言を呈するわけですから気持ちのよいものではありません（このエピソードは自分が偉いと言っている気がして好きではありませんが）。相手も自分も尊重する伝え方ができればよいのですが，なかなか修行が足りません。悩ましい…。

支援者性と当事者性

　ピアスタッフの研究者である相川章子氏は，「ピアサポーターは境界の地に生き続けることを余儀なくされた職種です。しかしながら支援される者と支援する者の境界は明確な線で分けられるものではありませ

ん」と述べています[1]。

　支援者と当事者の境界にいるピアスタッフは，当事者性だけでなく支援者性も持っています。給料をもらって利用者をサポートすることは支援者の特徴の１つです。対価が発生することにより，支援する・支援される関係の「支援する」側が強調されることは否めません。また，ピアスタッフが一人でサポートできることには限りがあり，職場の同僚や上司と一緒にサポートすることになります。サポートする相手を優先したくても職場全体のことも考えなければなりません。つまり，サポートする相手のことだけを考えるのが難しくなってきます。このような状況は当事者性と相性が悪い感じがします。

　また，支援者は感情的に巻き込まれないほうがよいと教育されていることが多いように感じます。サポートする相手から距離をとって一歩離れたところに立つイメージがあります。

専門性の鎧，支援者性の服，当事者性

　精神科医の高木俊介氏は「専門家というものは，普通は専門性という鎧で身を守ることによって，相手とのかかわりで感情的に巻き込まれることなく，すんでいる」と指摘しています[2]。

　鎧のたとえを読んで，ピアスタッフは鎧の下に支援者性の服を着ているのかもしれない，と思いました。アバターのようなコスチュームを取り替えるイメージです。支援者は，精神保健福祉士，看護師，精神科医という職種を問わず，誰でも支援者性という服を身につけており，その上に精神保健福祉士の専門性という鎧をまとう支援者もいれば，看護師の専門性の鎧をまとう人もいて，同じようにピアスタッフも専門性の鎧をまとっているはずです。

　支援者は職場を離れると支援者性の服を脱ぎ，ただの人に戻ります。職場では支援者性の服を脱ぎ，専門性の鎧を外すことが難しいのです。

ピアスタッフも例外ではなく，支援する・支援される関係のなかで，"自分はあなたと同じ当事者だ"というピアの関係性の鎧を外し，生身の人として精神的に困難な状況にある人と向き合うとしたら恐れが湧いてこないでしょうか。善くも悪くも，ピアの関係性はピアスタッフの身を守る防具かもしれません。ピアでなければ相手と関係を持てないのかという話です。

　ピアスタッフが職場を離れて支援者性の服を脱ぐことはできても，当事者性を脱ぐことはできません。プライベートでも自分に染みついているものです。私の考えでは，当事者性は，経験から育まれた意識，目線や振る舞い，所作のようなものです。ピアスタッフが支援者性の服を着ていても，当事者としての意識や目線，振る舞い，所作が醸し出されると思っています。当事者性を消し去ることは難しいでしょう。結果として，ピアスタッフは，サポートする相手との間合い，距離感に独特のものがあると感じています。

代表的な当事者性の考え方

　病院に閉じ込められる怖さ，自分のいないところで支援の方針が決まる怖さ，悩みを相談しても病気の理由にされる怖さ……，おかしいと異議を唱えることも当事者性の表れです。伝え方の工夫は必要ですが，経験している人の発言は説得力があります。サポートする相手の利益になり，組織を変えていく効果があるでしょう。当事者性は自分たちの権利擁護につながります。

　アメリカの精神的に困難な経験をした人たちが開発した元気回復行動プラン（WRAP）では「あなたはあなた自身にとっての，もっとも優れた専門家です」と考えます。社会学者の上野千鶴子氏は「いまや，専門家より当事者が，自分のことをいちばん知っている」と述べています[3]。自分が主体であるという当事者性は，専門家の手に委ねられがち

な自分たちの将来を取り戻すことを意味します。

一人の支援者として，市民として

　障害がその人の一部であるように，当事者性はピアスタッフの一部です。当事者性を 100％発揮できるような業務はほとんど存在しないと思います。体験の語りくらいかもしれません。仮にあったとしても始業から定時まで当事者性 100％の業務に従事することは，障害者としての期待と偏見を引き受けることにならないかと危惧します。

　ピアスタッフは，支援者として誰にでも求められるようなコミュニケーションのスキルや制度の知識を身につけて，その上で当事者性を活かすべきと考えています。そうすることで，ピアスタッフが障害者として過度に強調されずに，一人の支援者として，市民として，職場や社会にいられるからです。ピアスタッフが障害者である前に市民として尊重されることで，サポートするであろう当事者も市民として尊重されると信じています。

文　　献

1）相川章子：精神障がいピアサポーター：活動の実際と効果的な養成・育成プログラム．中央法規出版，東京，2013.
2）ヤーコ・セイックラ，トム・エーリク・アーンキル：オープンダイアローグ．高木俊介，岡田愛訳．日本評論社，2017.
3）中西正司，上野千鶴子：当事者主権．岩波書店，東京，2003.

●●● 第1章　ピアスタッフとは

ピアスタッフの専門性とは

宮本有紀
東京大学大学院医学系研究科　精神看護学分野

ピアスタッフに期待されること

　精神科ピアスタッフとは，精神健康において困難に陥った経験がある
という意味で，利用者にとってのピア（仲間）であるスタッフのことで
す。ピアスタッフは，利用者の体験や気持ちがわかる立場だとみなされ
ており，ピアスタッフは精神保健福祉サービスに携わってきた専門職だ
けでは持てなかった視点をもたらす存在として期待されています。自身
の困難の経験があること，その経験があることで利用者の体験や気持ち
を理解しやすいことが特徴であり，強みであると考えられます。

　ピアスタッフが働く場で，精神健康の困難の経験を活かす機会のない
職務もたくさんあると思いますが，ピアスタッフの特長を活かした職務
としては次の2つがあるでしょう。

　1．利用者の気持ちに寄り添ったサポートをすること
　2．精神健康の困難や利用者の気持ちについて，共に働く専門職に伝
　　えること

利用者の気持ちに寄り添ったサポートをすること

　利用者の体験を想像し，気持ちに寄り添ったサポートをすることは，どの専門職も目指していることですが，体験や気持ちに寄り添うために用いる知識背景や関わり方が職種により異なります。

　たとえば，医療職はその症状や病態，治療についての知識を持って関わることを期待されています。ピアスタッフの場合には，自身の困難の経験に照らし合わせながら利用者の気持ちを想像し，利用者に寄り添うことを期待されているのではないでしょうか。

わかること，想像するということ

　支援に携わる専門職は，相手（利用者）の経験や思いを想像したいと思っているものですが，経験したことのない体験を想像することは難しく，具体的にどのような体験をしているか，その時にどのような気持ちになるか，その経験のない専門職にはわからないことが多いように思います。

　想像してもわからないということについて，たとえば身体に痛みがある状態を例にとって考えてみます。痛みを経験したことのない人にとっては，その感覚・体験を想像するのはとても難しいことです。痛みというのがどのような感触かがわかりませんし，痛みがある状態が暮らしに影響を及ぼすということを想像するのも難しいことです。しかし，痛みの経験のある人は，①同じ痛みではなかったとしても，そのような痛みがあることが，暮らしに影響を及ぼすということを想像できます。そして，②その痛みについて一番よくわかるのは本人だということをわかっています。

　このように，経験のない人には想像がなかなか及ばないことを，自身の経験に照らし合わせながら想像することができる，そしてその感覚を一番わかっているのは本人であり，本人に聞くことが大事であるという

ことを知っている，それがピアスタッフの強みであると思います。

わかること，想像できることで可能になること

　ある痛みを経験している人にとっては，「ああ，それは痛いでしょうね……」とその痛みがあることをわかってもらえるだけでも，気持ちが救われることがあります。おそらくどの専門職でも，相手が「痛い」と言ってくれれば，痛いんだな，痛いのはつらいだろうな，と想像することはできるので，「痛いでしょうね。それはつらいですね」と言うこと自体は，どの職種でも変わらないかもしれません。

　しかし，似たような痛みの経験のある人（ピアスタッフ）であれば，さらに「その痛みがあるときは，何も頭に入ってこないんだよね。誰かに会うような気持ちになれないんだよね。自分の身の回りのことをするのも大変だよね」というような，その痛みがあることによる影響を想像することができる可能性が高くなります。そのような想像ができると，本人の状態や思いを尋ねやすくなったり，「だとしたら，このような○○はどうだろう？」と本人の気持ちに寄り添ったサポートを提案しやすくなったりします。

　ここでは「痛み」を例にしましたが，精神健康の困難，薬の副作用，社会との関係などについて，実際にどのようなことに困るのか，そのようなときにどんな気持ちになるのかを想像できるピアスタッフは，利用者の気持ちに寄り添ったサポートを提供できるのでは，と期待されています。

精神健康の困難や利用者の気持ちについて，共に働く専門職に伝えること

　精神保健福祉の支援にはさまざまなものがあり，ピアスタッフも，ほかの専門職も，それぞれの知識や特長を活かしながら共に働いています。どの職種だとしても，支援する相手（利用者）の体験していること

や思いを理解することは重要なのですが，精神健康の困難やそれに伴う暮らしの中での困難を経験したことがないために想像するのが難しいことも多くあります。そこで，ピアスタッフから共に働く専門職に，困難のあるときに感じがちなことや，どのようなことを本人に聞いてみるとよさそうかなどを伝えることができると，専門職の理解が深まり，利用者の思いに寄り添ったサポートを専門職からも提供しやすくなります。

ピアスタッフが伝えることとしては，自身の経験に限る必要はなく，周囲の人から聞いている経験や思いでも構いません。専門職が見落としがちな点や，専門職の理解が追いついていないところなどを言葉にして伝えることで，専門職の理解が深まり，よりよいサポートを提供できるチームとなっていく可能性が高まります。

さらに大きく考えると，伝える相手は職場の同僚の専門職に限らず，家族や地域で暮らす人々もその対象となるかもしれません。精神健康の困難やそれに伴う暮らしの困難，まわりができるサポートや工夫について知ってもらうことで，精神健康の困難を有する人々がよりよいサポートを受けやすくなって暮らしやすくなるということがあるでしょうし，社会全体が変わっていく力ともなります。

このように，精神健康の困難やそれに伴う暮らしの困難について，そしてできそうな工夫について，その経験がない人にもわかるように伝えることは，ピアスタッフに期待される重要な役割です。ピアスタッフは，自身が利用者へサポートを直接提供するだけでなく，周囲へ影響を与えることで，よりよいサポートを利用者に提供し，組織や社会を変えていくことができるのです。

ピアスタッフの専門性とはなんでしょう？

「専門性」とは，その職種としての特長を活かした職務経験を積み，その職務に必要な知識や技術がある状態と考えられます。そう考える

と，ピアスタッフとしての専門性の高い人とは，「相手の気持ちを想像し，それらについて言語化する知識と技術，経験がある人」となるでしょうか。

　利用者の思いを聞き，理解し，その思いに寄り添った支援をするという経験を積み重ね，また精神健康の困難やそれに伴う暮らしの困難や工夫について，その経験のない人にもわかるように伝える努力をし続けることは，ピアスタッフとしての専門性を高めることにつながると思われます。

第2章 ピアスタッフの現状

●●● 第2章　ピアスタッフの現状

福祉におけるピアスタッフ

斉藤　剛
特定非営利活動法人レジスト

はじめに

　様々な福祉分野の中で，ピアスタッフも色々な形に広がりを見せてきたのではないかと感じています。本稿では，そんな多様化を見せる福祉現場のピアスタッフについて，私なりに見聞きしてきた現状を述べていきたいと思います。ちなみに，私自身は研究職などではなく，いちワーカーでありますので，統計や調査などに基づいた客観的な情報ではなく，あくまで経験に頼った情報であることをご了承ください。

ピアスタッフの多様化

　少し，私自身のピアスタッフとの関わりの遍歴を紹介します。もともと知的障害分野や高齢者介護分野で働いていた私が，法人内の人事異動により「精神障害者福祉」の現場にたまたま携わったことをきっかけに，「ピアサポート」という言葉を耳にしました。当時の私はワーカーとして働き甲斐を見失っていたこともあり，同じ障害を抱えながらサポートするという想いを持つ人々がこの業界に必要だと直感し，ピアスタッフの普及啓発に身を置くことを決意しました。

それから約 10 年ほど経ち，その当時と比べ，ピアスタッフの働き方も多様化していると実感しています。

実例を挙げると，例えば福祉事業所で日常支援や相談業務を主に働くピアスタッフ，地域移行支援（以前は退院促進事業と呼ばれていた）として精神科病院への訪問などを仕事にするピアスタッフ，公的機関では電話相談事業などのピアスタッフ，他にもインフォーマルなピアサポートグループや自助グループを主催するピアスタッフ，また中には講演活動やワークショップを中心に活躍したり，執筆活動や SNS などのメディアを通じて情報発信を行ったり，フリーで活躍するようなピアスタッフも現れはじめ，様々な広がりを見せつつあると実感しています。

福祉事業でのピアスタッフの実情：福祉事業所でのピアスタッフ

まず確認ですが，私の職種はソーシャルワーカーですので本稿でのピアスタッフを「福祉事業所で働き，精神障害福祉分野で支援者として働くピアスタッフ」という認識のもとに述べていきたいと思います。

まずはじめに，福祉事業所とはそもそも何でしょうか。簡単に言うと，国が定める法律に基づいて支援が必要な障害者へ，必要な福祉サービスを提供するための事業所で，昔でいう福祉施設，作業所，相談機関などといわれていた場所です。現在では，目的に合わせて，就労継続支援 A 型・B 型，就労移行支援，グループホーム，相談支援事業などとよばれる事業を行う事業所があります。

福祉制度や法律に話を広げると，現在の福祉の法律では「ピアサポーターの活用」という文言が明記されるようになりました。ただ事業所にピアスタッフを雇ったことで，直接的な報酬（サービスに対して国から事業所に支払われる収入，補助金のようなもの）が明確にない，という現状はあります。

報酬でいうと，精神保健福祉士・社会福祉士を代表とする国家資格者

を支援員として雇用すると，専門職を配置しているとされ，国から（あくまで事業所に対してですが）報酬（収入）が入ります。このような報酬がピアスタッフの場合はまだありません。個人的には何らかの報酬が加算されれば，もっとピアスタッフが働く門戸は開かれると思いますし，雇用主にも“雇おう”という意識が広がるのではないかと感じています。このような側面から考えると，ピアスタッフ雇用にまだまだ制度が追いついていないのが福祉制度の現状といえるかもしれません。

ピアスタッフへの追い風

そんな現状の中で，各事業所はどのようにピアスタッフの働く場を確保しているかというと，“ピアスタッフは必要だ”と感じている福祉法人や福祉事業所が有志的に，生活支援員や職業指導員という肩書で，いわゆる「支援員」という形で雇用し，ピアスタッフの働く場を創出しています。あえて好きではない言葉を使いますが，現状では「健常者の支援員」を配置すべき枠を活用してピアスタッフが働く，という形をとっている事業所がほとんどだということです。

ピアスタッフの傾向：情報公開型・場面活用型

ここからはピアスタッフの多様化の話を飛躍させ，私の経験上の感覚にはなりますが，福祉現場で働くピアスタッフについて，私が感じる傾向を述べてみたいと思います。最近の現場では，大きく分けて２つの働き方ができつつあるかと感じています。

１つは，「情報公開型ピアスタッフ」と名付けています。これは，「ピアスタッフであると事業所で明示（主に口頭で）して働くタイプ」です。福祉サービスの提供先である利用者（精神障害者）に「私は支援員ですが，同じ障害を持っているピアスタッフという仕事をしている者で

す」と伝え，かつ日常的にも障害を持っていることを開示しながら話をして現場で働くタイプです。この場合，職場の福祉事業所では管理職や同僚ワーカーなど，職場全体にこの情報がオープンになっていることが多いかと思います。

　2つ目は，「場面活用型ピアスタッフ」と名付けています。これは「ピアスタッフであるとはっきり言わないが，おのずと当事者である経験が活用されているタイプ」といえます。公開型と違い，はっきりと「ピアスタッフです」とは言わずに支援員や相談員として働いていますが，支援の過程で必要に応じて「私も実は〜〜」と言って，その場その場で情報を活用しながら働くタイプかと思っています。この場合，採用も一般的な面接などで採用されることが多く，職場ではあくまでワーカーという位置づけで，管理者のみがピアスタッフであることを知っている，というパターンもあると聞きます。最近の傾向として，こうした働き方のピアスタッフも増えてきているように思います。

　ピアスタッフの雇用が広がらないといわれていますが，実は上記の2つのタイプを合わせると相当数のピアスタッフが働いているのではないかと感じます。

まとめ：これからの福祉の視点からのピアスタッフ

　このように，福祉現場では制度の網目を縫うように，独自にピアスタッフが働く環境を作り出しながら広がりを見せてきています。反面，雇用主側もピアスタッフ当人たちも，試行錯誤しながら活動を続けています。

　そこで重要になってくるのは，ネットワーク化だと思います。全国に広がりつつあるピアスタッフがネットワークを形成し，情報交換をしたり，特有のメンタルヘルス活動をすることで，それぞれの独自性をつな

ぎ合わせることができると感じています。

　また，ナラティブアプローチ，オープンダイアローグ，当事者研究というような語りを治療や支援の糸口に活用する方法の台頭も注目されています。ピアスタッフはある種，"経験語りの専門家"ですので，語りを誘発させるようなピアサポートも今後注目されるのではないかと考えています。よく言われる「傾聴＝ピアスタッフ」よりも，病気の経験やリカバリーストーリーを語るようなピアスタッフが注目される時代になってきたのかもしれません。

第2章　ピアスタッフの現状　35

●●●● 第2章　ピアスタッフの現状

アウトリーチ・チームにおける
ピアスタッフ
——医療の新しいかたち——

岩谷　潤[1]，伊藤順一郎[2]

1）和歌山大学保健センター，2）メンタルヘルス診療所しっぽふぁーれ

精神疾患当事者の陥る「孤立」

　精神疾患をもつ人は，孤立しがちです。症状の一つとして，あるいは疾患を持ったことによる傷つきのために，さらに精神疾患に対する否定的な見方（「スティグマ」と呼ばれます）から逃れにくいために，意欲や自信が低下し，さまざまな人間関係に傷つきやすく，人との交流を避けてしまいがちです。そのような社会的孤立が長期間に及んでしまうと，ますます精神的な健康を損ない，回復を阻害してしまいます。

　とりわけ日本の精神科医療は長年，「入院」を中心として維持されてきました。入院による治療では，様々なストレスを遠ざけて治療に専念できるという利点と表裏して，生活の場から離れることで家族や地域との繋がりが断続的になってしまいます。医師をはじめとする専門職間のヒエラルキーのなかに身を置くことや，さらに非自発的な入院治療という形態や処遇を体験することによって，「人として」の自分の価値に自信を失い，社会的な孤立をより一層，深めてしまう危険性があります。

アウトリーチ・チームとピアスタッフ

　近年，日本の精神医療においても，社会的孤立を軽減して症状を和らげ，生活を支える方法が増えてきました。精神科病院の役割は小さくなり始め，自宅の近くで支援するコミュニティ・ケアが増えつつあるなか，特に有効な方法が，「アウトリーチ（訪問）・チーム」と「ピアスタッフ」だと考えます。

　アウトリーチ・チームは，病院のように外来や病棟に「迎え入れる」のではなく，生活の場に「お邪魔する」かたちで医療を提供します。出会うのは，外来への受診だけでは症状や生活上の困難に十分に立ち向かうことができない人々です。なかには，周囲との関わりが断絶している人，過去の経緯から医療者を拒絶している人もいます。

　したがってその「出会い」は，外来での診察のように症状の評価から始まるのではありません。本人との「関係づくり」が最も重要となります。それは本人に，私たち訪問者から無理に侵入されたり傷つけられたりしないという「安心感」を感じてもらい，「会い続ける」ことを受け入れてもらう過程です。そして，本人が人生のなかで何を求めていて，何が必要なのかを考えながら，どのような関わり方がよいのかを模索していく「寄り添い」の長い道程を辿っていきます。これらをよりよい道のりとしていくのが「チームの力」と言ってよいでしょう。

　しかしその道のりは往々にして，とても難しいものとなります。本人は，「声にならない」思いを抱えながらも，時に傷つかないように他者との関わりを避けて生活しています。「誰にも邪魔されない」ように頑張っている本人にとって，例えば家族からの依頼などで家に入ってきて声をかけてくる私たち医療者は，「侵入者」とも認識されるでしょう。

　一方で，ピアスタッフは，病をもった者，病をもつ者としての経験を活かしながら，いま病に苦しんでいる人に，仕事としてアプローチしていきます。「出会い」において，「あなたを気に懸けている」と表現する

支援者の中にピアスタッフがいるときのほうが，侵入されるという怖れが減じ，安心感をもってもらいやすいのではないか，というのが私の印象です。訪問という活動のなかでは，本人が出かけてしまっていたり，扉が閉まっていたりして「出会い」が進まないということがしばしばありますが，ピアスタッフが訪問したときには，本人が家にいた，扉が開いていた，声をかけることができたということが何度もありました。「ともにいる」ことを受け入れ始めてくれたと実感できる瞬間です。

　どうしてそのようなことが生じるのか，正確にはわかりません。「似た経験をもつ」というピアスタッフの表明が，そのまま安心感をもってもらうことにつながることもあるでしょう。それは，「孤立している」からこそ，もたらされる効果のひとつです。しかし，それだけではないように思います。孤立している患者に対してピアスタッフがもつことのできる，疾患をもつ苦しみや闘いを「ともに分け合っている」感覚や，それに基づく「人としての敬意」が伝わり，患者の力へと変化して，勇気を伴う行動を引き出しているのではないでしょうか。

● 家族に対するアプローチ

　また，ピアスタッフは家族に対するアプローチにもその力を発揮します。

　家族もまた，現在の症状や過去の原因に頭を悩ませ，困りごとを周囲に打ち明けづらいために，次第に家族自身と社会とのつながりが減じてしまうことがあります。訪問によって家族の孤立が減じ，本人の「いま」の健康的な部分や，家族自身の生活に目を向けられるようになってくると，家族自身が健康的になっていきます。しかしそれも，家族のなかの現実的な悩み，患者の症状という苦しみの前に，なかなか進むことのできない困難な道のりです。

　ピアスタッフの家庭への訪問は，疾患に苦しみながらも，「いま」こ

のように生活しているという人物の実際を目の前で示すことでもあります。それは，症状や過去にとらわれすぎることなく，「いま」を一緒にみつめていくことを可能にしていきます。それを「希望」へとつなげることができるとき，家族から本人への関わりのなかに，幅の広い具体的なアイディアと，実際に行動する力が育まれていくように思います。

チームの力への作用

　ピアスタッフはさらに，「チームの力」に対しても大きな作用をもちます。

　アウトリーチ・チームはいつも，本人と家族の思いに寄り添おうとしますが，それはいつも容易というわけではありません。社会的孤立が長期に及ぶと，本人の声にならない思いの表現は，大声を出すことや壁をたたくなどの乱暴さを帯びてしまうことがあります。そうして本人の思いと周囲の思いとの距離が大きくなってしまうと，チームはどちらの思いも受け止めようとして，本人の気持ちへの「寄り添い」から遠ざかってしまうという溢路（あいろ）に陥ってしまいます。

　ピアスタッフは，そのようなチームの「危機」にあたっても，チームの力を回復させることがあります。それは，症状を評価し「困りごと」を解決しようとする医療チームの至らなさに対して，いま苦しみながらも病と闘い，生活している本人への「敬意」という最も大切なものを補う力がピアスタッフにあるからだと思います。そのようにして果たされるのは，チームの力の「リカバリー（回復）」に他なりません。

まとめ

　このように，アウトリーチ・チームの中で働くピアスタッフは，本人にも，家族にも，チームにも大きな効果をもたらすことが可能だと考え

ています。

　ただし私たちはまだ，ピアスタッフが医療の現場に根付いていく道のりの途上にいます。アウトリーチ・チームで働くピアスタッフはごく少数です。「経験者」としての専門性は，これからチームの中でより明確に位置づけられていく必要があります。さらに，いまも疾患と向き合いながら仕事に取り組むピアスタッフ一人ひとりと，配慮の必要性を含めてどのように「ともに働く」ことを豊かにしていけるのかの検討も求められています。そしてなによりも必要なのは，経験者としてのピアスタッフとこれまでの医療者が，同じ「人として」の対話を重ね，それを一人ひとりの「経験」として積み上げ，仕事に活かしていくことでしょう。

　これまでの精神科医療は，「専門家」を主な担い手としてきました。ピアスタッフがチームのなかにしっかりと根付くことは，精神科医療が，医師を頂点とするこれまでのヒエラルキー構造から，本人やピアスタッフも含めて互いの意見を真に尊重できるチームとなる「成熟」に向かっていくような大きな可能性を持っています。それが，まだ為し得ていない，これからの大きな目標だと考えます。

●●● 第2章　ピアスタッフの現状

ピアスタッフに関する研究

宮本有紀

東京大学大学院医学系研究科　精神看護学分野

　本稿では，特に精神健康の困難を経験したスタッフ，つまり患者・利用者と似たような経験を有する対等な存在（ピア）として支援を提供するスタッフ（以下，ピアスタッフ）に関連する研究結果について紹介します。紹介する研究は，ほとんどが欧米（特に米国）での研究結果です。これは，ピアスタッフが働いてきた歴史やその効果が研究されてきた期間が最も長い国の1つが米国であり，日本ではまだピアスタッフの研究は多くないということが理由です。このため，ここで紹介する内容は，他の国での過去の調査結果であることを念頭に置いていただきたいと思います。

● ピアスタッフからの支援を受けることの効果

　ピアスタッフからの支援を受けることで，患者・利用者がリカバリーの生きた見本（ロールモデル）を見ることができるのが利点であると多くの研究で述べられています。また，ピアスタッフからの支援は，そうでないスタッフからの支援と比べて，理解されているという感覚や，敬意，思いやり，信頼されている感覚，つながりの感覚をより感じ，サービスへの満足度が高かったという研究結果があります。また，精神保健

サービスに対する不満などについてもピアスタッフならわかってもらえるということの重要性も述べられていました。

このほかに，ピアスタッフが働いている精神保健サービスのほうが，ピアスタッフのいない精神保健サービスより，利用者の生活の質（QOL）の向上があった，入院せずに地域で生活している期間が長かった，などの研究結果も示されています。

ピアスタッフがいることによる他のスタッフや社会に対する効果

ピアスタッフは，患者・利用者を支援することで上記のような効果を患者・利用者に及ぼすほかに，ピアスタッフがいることで，他のスタッフやチーム・職場全体に及ぼす効果もあります。ピアスタッフがいるチームは，ピアスタッフがいないときに比べて，より患者・利用者中心のリカバリー志向のチームとなり，また患者・利用者に対する理解が深まります。ピアスタッフは，患者・利用者だけでなく他のスタッフにとっても，リカバリーの生きた見本となり，他のスタッフがリカバリーを前向きに楽観的にとらえやすくなります。また，ピアスタッフがいることで専門職と患者・利用者の架け橋となり，互いが互いを理解する助けとなります。

ピアスタッフは，個々の組織の中だけでなく，精神保健の仕組み全体をよりリカバリー志向のもの，そして協働的なものへと変えていきます。精神疾患を有する人の持っている力を周りの人に示すことによって，いわれなき偏見をなくし，精神疾患や精神障害に対する社会の態度を変える力ともなります。

ピアスタッフが支援を提供することで得たことと難しく感じたこと

ここで紹介するものの多くは欧米で働くピアスタッフへのインタビュ

ー調査の結果であり，少し古い（10 〜 20 年前の）ものもありますが，日本の現在とも共通することであると思われるので，紹介します。

1. 得たこと

他の人の助けとなる経験をすることによる自己効力感の向上，自分の経験を他の人に話すことによる自己理解の深まり，対人サービスの実践を通じての自身の対人技能の向上などが挙げられています。また，他者のリカバリーに関わる機会があることで，自身のリカバリーの促進にもつながることも挙げられていました。ピアスタッフは，支援を提供する中で，他の利用者の感情を受け取ったり，他者を認めたり，失敗から学んだりすることを通じて自身の成長を感じていました。また，対人支援の実践を通じてコミュニケーション力が上がったことや，自分に自信がついたということも述べられていました。

ピアスタッフとして働くことで，ひきこもらなくなった，主体的になった，他者から認められるようになった，といった自分の生活へのよい変化を経験していました。また多くのピアスタッフが，給料を得たことをピアスタッフとして働くようになってのとても大きな利益として挙げていました。

2. 難しく感じたこと

多く挙げられていたのは，「患者・利用者」という立場から「支援者」という立場への移行の難しさでした。ピアスタッフと共に働く他のスタッフから，ピアスタッフが調子を崩すのではないかと過度に心配をされてしまう，特に自身の利用していたサービスの中で働くことになった場合にその傾向があることが挙げられています。また，ピアスタッフからも，周りの同僚からも，ピアスタッフの精神健康の問題なのか，仕事における問題なのかを区別することが難しいということも挙げられていました。また，支援者としての役割を取ることで，患者・利用者の視

点を失ってしまいたくないという葛藤を感じるという報告もありました。

　利用者との関係，特にこれまでは利用者仲間だったり友人だったりした人に，ピアスタッフとして接する際に，どのように接するかについても葛藤を感じていました。たとえば，親しい友人関係として接するのはプロの支援とはみなされないのではといった葛藤です。

　ピアスタッフであることや，自身の疾患や困難の経験について，利用者に伝えることに抵抗を感じる人もいました。これは，組織によって「ピアスタッフ」というように立場がわかるような職名もあれば，「プログラム補助」など，立場が明らかではない職名で働いている組織があることも関係しているようです。

　ピアスタッフの果たすべき役割が不明確で，管理者も明確に認識しているわけではないという状況も多く挙げられており，そのような場合に，ピアスタッフは自身の存在意義についてわからなくなってしまうことや，役割がはっきりしないために明確な指示や指導を受けられないということにつながっていました。

　また，多くの研究でピアスタッフの報酬が低いことが指摘されていました。報酬の低さは，ピアスタッフは常勤雇用ではなく，非常勤で雇用されていて，月給ではなく時間給で計算されたり，給料ではなく謝金で対応されていたりといった，報酬の支払い方の違いと関係があると指摘されています。また，支払い方の違いだけではなく，業務に必要な資格として，たとえばソーシャルワーカーの資格は加算されても，「疾患当事者としての経験」は資格として加算されないなど，ピアスタッフの業務が給与に加算されにくい状況や，精神疾患を有する人の職務能力に対する誤解や偏見があることなどが，単位時間あたりの報酬が他のスタッフよりも低い状況につながっているのではないかと指摘されています。

　以上，ピアスタッフに関する研究内容について，かいつまんで紹介し

ました。これらの研究結果の元の論文を読みたい場合は，下記の文献に
文献リストがありますので，そちらをご参照ください。

文　　献

1 ）Miyamoto, Y., Sono, T.: Lessons from peer support among individuals with mental health difficulties: A review of the literature. Clin. Pract. Epidemiol in Ment. Health, 8 ； 22-29, 2012. (https://www.ncbi.nlm.nih.gov/pmc/articles/ PMC3343315/)

●●● 第 2 章　ピアスタッフの現状

事業所を運営するピアから

矢部滋也

北海道ピアサポート協会／多機能型事業所 PEER+design

はじめに

　私は 2010 年，27 歳の頃に強いストレスを抱え，食事が喉を通らなくなり，眠ることができなくなりました。発病してからは，暗いトンネルに一人取り残され，どこまで歩けば出口があるのかわからないような状態でした。発病後は長く勤めていた仕事を休職し，リワーク（通所型の医療サービス）を利用していました。しかし，その頃は体調が不安定で，引きこもりにより体力が低下し，週に数回，半日通所するのが精一杯の生活でした。体調が安定しなければ働くこともできない，貯金は徐々に減っていく，いつまでもこの生活をしてはいられない……。そう心の中で焦りが生まれながらも，どうしたら体調が安定するのかわかりませんでした。

　悶々として人生を諦めていた頃に，リワークの精神保健福祉士さんが「ピアサポーター」という言葉を教えてくれました。すぐにインターネットで「ピアサポーター」という言葉を調べました。その後，2013 年に「精神障がい者ピアサポート専門員」の養成研修が札幌で開催されました。右も左もわからない中，研修会に参加したら何か先が見えるかもしれないという漠然とした想いから，不安と期待を抱きながら受講しま

した。研修会にはたくさんのピアサポーターたちがいました。病気の経験を活かして働く先輩たちは，希望そのものでした。共に学び合う中で，私も同じような仕事をしたいと強く思いました。「病気がありながらも自分らしく生き，働きたい」「もう一度，社会に必要な存在になりたい」……。

　その後，1年ほどこの先の人生を模索し，その間にできる限りたくさんのことを学びました。私は同じような経験をした人々に，何か自分も力になることはできないかと考えていました。一度，どん底まで落ちた人生，これ以上落ちることはないと考え，自分の可能性にかけることにしました。そうして，同じような経験をした仲間と共に北海道ピアサポート協会と多機能型事業所 PEER+design（以下ピアデザイン）を立ち上げることになりました。

　当時，誰から見ても起業は無謀な挑戦だったと思います。"支援をする対象である精神障がい者が事業所を運営して大丈夫？"という専門職の人々からの視線を感じていたことを今でも覚えています。

　さて，もしもリカバリー（回復）の過程の中で，同じような病気や障がいを経験した人が医療福祉の現場で働いていると，回復過程の当事者にはその姿がどのように映るでしょうか。病気や障がいがありながらも生活すること，働くことができるというイメージに繋がると思いませんか？

　それでは，私たちが働くピアデザインのことを述べていきます。

スタッフの8割が精神疾患当事者の福祉事業所

　共に働くスタッフの多くは当事者経験があります。私を含め，現在も治療を継続しているスタッフもいます。しかし，私たちの事業所には「ピアスタッフ」という職業的役割がありません。その理由は2つあります。

1つ目は，当事者スタッフも一般のスタッフと同様の仕事をこなしているからです。そのため，役割として分ける必要性がありません。もちろん，管理者やサービス管理責任者，生活支援員等としての役割はありますが，障がいの有無に関係なく仕事をしています。

　2つ目は，ピアデザインの運営をスタッフも利用者も協働して行っています。スタッフと利用者はサービス提供者とサービス受給者という違いはありますが，精神疾患の当事者という面では PEER（仲間）という括りになります。元々，私を含め，当事者スタッフがいる状況で始めた事業所ですので，様々な障がいがある中で共に働くこと，状況や必要に応じ，自身が体験した病気や障がいの経験を支援の場で活用しています。

雇用について

　雇用については，一般雇用と障がい者雇用の両方が可能です。現在，働いている当事者スタッフは体調が安定している人に限られています。雇用条件としては，セルフコントロールができ，周囲との協調性がある程度とれる人であることが最低条件になります。精神障がいがあっても「支援をする仕事」に変わりはありませんので，それなりの適性が必要になります。私たちの事業所はオールマイティに動ける人材が求められます。ピアデザインでは，当事者が精神保健福祉士などの資格を取得した，あるいは取得を目指している当事者も働いています。

　勤務日数は常勤や非常勤により違いますが，常勤は1日7時間15分の週5日勤務，非常勤は週3回程度で常勤と同様の時間の勤務となります。

　賃金については，常勤スタッフは決して高くはない金額です。非常勤については最低賃金が保障されています。どちらの勤務形態も年に1度ですが，賞与があります。ピアスタッフだから他のスタッフより賃金が

低いといった格差は一切ありません。

体調面のケア

　日々働いている中で，当事者スタッフが体調を崩すこともあります。その場合，他のスタッフがフォロー体制に入るなど，相互に支援し合えるピアサポートのチーム作りを心がけています。

　また，それぞれ障がい特性などにより得意な分野や苦手な分野があり，できる限りスタッフのストレングス（強み）を意識した適材適所の配置を心がけることで，負荷を軽減して体調の安定化を図ることにしています。体調が悪いことを職場内に伝える自己開示はタブーとはしていません。

精神疾患を持つ人が当たり前のように働けることが大切

　普段から，ピアデザインで働く仲間を「精神疾患の当事者」として意識して接したことはありません。そのような見方をする理由がないからです。同じチームの仲間として接しています。それぞれの特性は個性として捉えていますし，お互いを支援できるピアサポート体制ができていれば，障がいがあっても，なくても変わりありません。私自身も，体調が思わしくないときには，役割の変更や休息を取りますし，雇用されているスタッフもそれを当然のことと見なしています。精神疾患がありながら働くというのは，大変なことだと思います。当事者スタッフは，セルフコントロールをしながら支援の仕事をします。心身にストレスがかかることがあります。大切なのは，事業体が精神疾患のある人でも当たり前のように働ける環境を作っていくことです。それには精神疾患に限らず，その他の病気など多様性に合わせた環境整備が必要です。

●●● 第2章　ピアスタッフの現状

米国における
ピアスペシャリストとは

相川章子
聖学院大学　心理福祉学部

ピアスペシャリスト誕生をめぐる歴史および背景

　精神保健福祉領域において，ピアスタッフの起源は18世紀後半にパリのビセートル病院にて主任医師ピネル（P. Pinel）が回復した患者を病院のスタッフとして雇用したことだとされています[1]。

　その後，1980年代には政府機関や専門機関にこれらの運動と声が届き始め，ピアサポートサービスのブームへとつながりました。1990年代には新たな当事者団体が生まれ，ジョセフ・ロジャース[2]を代表とするセルフヘルプ情報センター，ダン・フィッシャーを代表とするナショナル・エンパワメント・センター等が設立されました。また，パット・ディーガンは自身のリカバリー経験をもとに，障害者権利擁護，心理学研究者として活躍しています[3]。当事者運営のオルタナティブ・プログラムが大きく成長しました。

　2000年以降，ピアスペシャリスト制度（詳細は後述）が全米各州で制度化され，トレーニングプログラムが確立し，地域や病院等で働くピアスペシャリストが増えていきました。

50

新たな職種「認定ピアスペシャリスト」：制度化の背景と概要

1. 認定ピアスペシャリストとは

　認定ピアスペシャリストとは，「精神的健康や物質使用状態からのリカバリーの旅の経験をしている人で，それらの経験を生かして仲間（ピア）が希望を得てリカバリーの道を歩むための支援についてトレーニングを受け，認定されている個人」[i] とされています。多くの所で統合失調症，双極性障害等はピアスペシャリスト，アルコールや薬物依存等の場合はリカバリースペシャリストなどとして分けられています。

2. 資格制度化の背景

　1998 年にメディケイド[ii] による精神保健に関する全米調査が行われ，ジョージア州が全米の中で最も低いレベルにあることが明らかになりました。それを受けて 1999 年にジョージア州担当部局は，これまでの支援のパラダイム転換が必要であるとし，そのためにはリカバリー志向プログラムとピアサポートが重要であるとしました。ニューヨーク州ですでにプログラムが開発されていたピアスペシャリストの制度化に向けて，ジョージア州当事者ネットワーク（Georgia Mental Health Consumer Network）と州担当部局によって設立された民間組織が中心となりました。制度化を実現させるためには安定した資金を得る必要があり，メディケイドの精神保健加算の取得のための話し合いが行われ，設立に向けては多くの議論が交わされました。その焦点の一つは当事者のリカバリーやピアサポートという極めてインフォーマルでソフトなものと，メディケイドという官僚的でハードな制度という相反する文化をい

---

i：ピアスペシャリスト養成トレーニングプログラムを有する DBSA（Depression and Bipolar Support Alliance：うつ病と双極性障害支援協会）による定義
ii：メディケイドとは，低所得者を対象としている公的医療保険制度である。米国では各州ごとに運営，支払いは州と連邦政府が共同負担するシステムである。一方，メディケアは 65 歳以上の高齢者を対象とする公的医療保険制度である。

かに統合させるかということでした[4]。

認定ピアスペシャリストによるサービスがメディケイドの償還対象と
してシステム化されたことは，その後全米に広がっていくうえで大きな
原動力となりました。

3. 資格制度の概要

資格制度の詳細はそれぞれの州ごとに定められているので各州で若干
異なっていますが，以下，おおむね共通するところを紹介します[5]。

受験資格は高卒以上もしくは大卒以上，第一診断が精神疾患で，その
ことのアイデンティティを強く持ち，州指定のトレーニングを修了して
いるものとされます。試験は年に複数回実施され，2年ごとの更新制と
なっており，継続的な教育を各州が指定する時間数修了すること，教育
内容についても倫理及びバウンダリー（境界線），ピアスペシャリスト
の専門性，WRAP トレーニング，トラウマインフォームド・ケア[iii]など
が指定されており，それぞれの領域を何時間以上修了しなければならな
いという規定を設定しています。加えて，スーパービジョンを受けるこ
とが必須要件となっています。

倫理綱領（または行動規範）と職務規定は，当事者自身による多くの
議論を経て，各州で必ず定められています。職務内容はピアサポートの
提供[iv]，権利擁護であり，その目標はリカバリー過程にある当事者が自
ら選択する目標に向けて彼らの能力と技能を磨くことです。ピアスペシ

---

iii：トラウマインフォームド・ケアとは，すべてのタイプの外傷（トラウマ）の影響を理解し，
認識し，それに応答する組織構造と治療の枠組みである。トラウマインフォームド・ケアは，
コンシューマーと支援者の両方にとって身体的，心理的，そして感情的な安全性を強調し，ま
たトラウマからの生還者にとってもコントロールとエンパワーメントの感覚を再構築すること
を助ける。1990年代以降，アメリカを中心に発展し，2005年に全米トラウマインフォームド・
ケア・センターが設立され，トラウマインフォームド・ケアの知識や技術の普及啓発が進めら
れている。ピアスペシャリストがピアサポートの現場で安全を保つためにも重要であるとし
て，ピアサポートの領域で重要なプログラムとされている。
iv：対等な関係性で支え合う営みであるため，「提供」という言葉が適切でないとし，「参加」と
いう言葉を使用する事業所もある。そこで意味しているものは，従来の伝統的な専門職支援と
は異なり，対等で支持的な関係性に基づいた支援であることを強調している。

ャリストはリカバリーモデルとして存在し，リカバリーを信じ，リカバリーに向けて歩もうとする希望を与えることができる貴重な存在となります。

4. 認定ピアスペシャリストの現状：全米調査から

認定ピアスペシャリストの全米調査（2016年7月時点）[6]によると，全米51州のうち41州（コロンビア特別区も含む）がメディケイドの償還対象サービスとして州認定ピアスペシャリスト制度を導入しており，現在手続き進行中の州や，制度化していないカリフォルニア州などでもすでに独自の予算でピアスタッフのトレーニングや雇用システムを確立しているなど，全米でピアスペシャリストが活躍しています。認定ピアスペシャリストとして登録されている数は2万5千人以上とされており[v]，なかでもペンシルバニア州は4,389名と最多です。一方で制度化への批判的意見として，書類が煩雑になり，ピアサポートの重要な理念が失われてしまうなどの理由が挙げられています。

実践現場は多岐にわたっており，医療機関や地域支援サービス事業所，アウトリーチチーム，ドロップインセンター，クライシスホームやグループホーム，レスパイトケア，権利擁護センター等々のあらゆるサービスでピアスペシャリストが活躍しています。ピアスペシャリスト運営のプログラムも多く，管理者やスーパーバイザーとしてのポジションも確立されています。また，トレーニングプログラムの開発やファシリテーターとして活躍する場も確立されています。

● 認定ピアスペシャリストの活躍

主にフィラデルフィア市とニューヨーク市に多数あるピアサポートプ

ⅴ：本全米調査の調査員の一人であるジェシカ（Jessica Wolf）によれば実際には活動していない人も含めると，おそらく3万5千人～4万人が推定されるとしている。

ログラムのうち，筆者が印象に残ったプログラムを紹介します。

1. ピア運営プログラム「ユナイテッド・ピアズ」

RHD（Resource for Human Development）が運営するピア運営プログラムで，リカバリーの原理に価値を置き，「ピアがデザインし，ピアが運営する」プログラムです。スタッフは常勤2名，非常勤4名，すべて認定ピアスペシャリストです。ここでは，リカバリーの途上にある人々の才能や個々のストレングスを発揮できるようデザインされた音楽や芸術，映画，創作活動等を通して，創造的な表現ができるように安全な環境を提供することを心がけているようです。真ん中に広々としたオープンスペースがあり，その周りに10名ほどで活動できる綺麗で落ち着いた雰囲気の音楽室，コンピューター室，手芸室，キッチンなどがあり，それぞれが自分の好きな活動を選び，参加できます。

　ここはピアスペシャリスト雇用の現場では珍しく，メディケイドの償還対象サービスではなく，すべて市の補助金で運営されています。それは，二つ以上の精神的課題を併せ持っている人，ホームレス，LGBTQ-IAなどニーズのあるすべての人が利用できるためにメディケイドの対象としていないのだそうです。

　日本ではピア運営プログラムは，札幌の「ピアデザイン」，長野にある「ポプラ」，福岡の「リカバリーセンターくるめ」などで非常に少ないのですが，アメリカではピア運営プログラムは各地に広がっています。

2. 移動式リハビリテーションサービス（MPRS）：
　　リカバリー志向アウトリーチサービス

移動式リハビリテーションサービスMobile Psychiatric Rehabilitation Services（以下，MPRS）とは，リカバリー志向のアウトリーチサービスです。全米精神科リハビリテーション協会の実施基準によれば，

プログラムの理念として，利用者の自発性を重んじ，地域を基盤とした，対面で提供するサービスとしています。訪問支援は１：１を基本としていますが，７名１チームとなっており，チームごとのチームミーティングが週に１回〜月に１回，チームリーダーによるスーパービジョンは週に１回程度行われ，チームで常に状況を共有していますので，チームメンバーは孤立しないシステムになっています。そのチーム構成に認定ピアスペシャリストを雇用することとされており，さらにトレーニングを受けた認定ピアスペシャリストスーパーバイザーも雇用しなければならないとされているのです。

　支援内容は利用者のリカバリーに必要なこととなっており，例えば，その人にとって外に出かけてお茶を飲みながらおしゃべりをすることがリカバリーに役立つとなれば，一緒に出かけてお茶を飲みながらおしゃべりをしますし，映画を見に行くことでリカバリーが促進するようであれば一緒に出かけて映画を見ます。スポーツをする場合もありますし，書類を一緒に作成することもあります。日本の障害者総合支援法や介護保険のように規定されたサービスのなかから利用者が選ぶのではなく，利用者のリカバリーに貢献するというニーズに応じるのです。

　フィラデルフィア（アメリカ・ペンシルバニア州都）で視察した二つのMPRSを紹介します。一つは，「Team A.R.R.I.V.E.（チーム・アライブ）」（RHD運営）で，１チーム７名のうち，半数が認定ピアスペシャリストで半数が認定ピアスペシャリストではない他の専門職によって構成されているチームです。専門職とピアスペシャリストの共同チームであり，そこでは当たり前にピアスペシャリストが存在し，当たり前に専門職とのコラボレーション（協働）がなされていました。ピアスペシャリストのリンダさんはチームリーダーでもあり，６名のチームメンバー（半数がピアスペシャリスト，半数はピアスペシャリスト以外の職種）のスーパービジョンを週に１回ずつ行っていました。ピアスペシャリストが他職種と対等に肩を並べて，互いに尊敬，尊重しあいチームとして

リカバリーに向けた実践を行っていました。

　もう一つは、「Peer Net（ピアネット）」(Mental Health Association of Southeastern Pennsylvania; MHASP 運営) というチームリーダー以外の6名がピアスペシャリストで構成されているチームです。実際に訪問を行っている実働部隊はピアスペシャリストであり、彼らはピアスペシャリストにしかでき得ないことがあるという自負を持って、「参加」していました。彼らは「支援；support」という言葉は使わず、「私たちは、共にリカバリーの歩みを進めていくことに＜参加；participate＞しているんです」と言います。

　アメリカでは今、これまで使ってきたいわゆる医学モデル中心の専門用語を含めて「言葉」について見直されています。リカバリー志向に転換していくときに、誰もが共通に使用し、意味を共有できる言語が重要であるという認識になっており、リカバリー志向の言葉一覧などができています。

3．レスパイトケアサービス：ピアサポートとオープンダイアローグの融合

　ニューヨーク市では、新しい市長を迎え、精神保健福祉サービスにより一層力を入れはじめ、全ての市民を対象にした精神保健システムの構築を目指しての具体的なロードマップを示した「ThriveNYC（成功するニューヨーク市）」[7] が出されました。とりわけ、ピアスペシャリストへの期待は大きく、年間200名のピアスペシャリストを雇用すると謳っています。ニューヨーク市役所に勤務する認定ピアスペシャリストのYumiko さんはニューヨーク市内の約100あるプログラム全てを管轄し、モニタリング等を行っています。

　その Yumiko さんに、なかでも最も特徴的で注目すべきプログラムとして紹介してもらったのが、2012年に設立された「ブロンクス危機レスパイトセンター」です。ここでは、24時間、認定ピアスペシャリストによるケア、セルフアドボカシーの学習やセルフヘルプのトレーニ

ング，ヨガなどのグループ活動などがあり，それらの介入の基盤はオープンダイアローグ（開かれた対話）モデルで行われています。職員構成は，認定ピアスペシャリスト13名とソーシャルワーカー1名で，認定ピアスペシャリスト3名1チームで利用者の支援に当たるのを基本としていますが，この3名の組み合わせは随時必要に応じて変更するとともに，全スタッフが全利用者の情報を常に共有しています。10室用意されており，概ね50〜60％の利用率だそうです。

　このように，日本ではごくわずかにとどまっているピア運営組織の他に，ピアによる訪問支援，またピアによる危機介入支援などが展開されていることに驚く人も多いのではないでしょうか。10年以上前に訪れたウィスコンシン州のマディソンでも，初めにピアスペシャリストを導入したのは危機介入チームと知りました。それは，最も人権侵害が起こり得るからピアスペシャリストが必要になると説明を受け，目から鱗でした。

　アメリカの認定ピアスペシャリスト制度とピアスタッフの実践をご紹介しましたが，私は決してアメリカがよいとは思っていません。欧米諸国ではよい展開をしているからといってそのまま日本に輸入したところで，日本でうまくいくとは限りません。日本の文化や社会システム，民族性，地域性に根付いたすでにある支え合いの文化があり，既存の支え合いの文化を生かしたピアサポートのあり方を各地域で工夫しながら展開していくことが求められています。

文　献

1）Davidson, L., Bellamy, C., Guy, K. et al.: Peer support among persons with severe mental illnesses: A review of evidence and experience. World Psychiatry, 11; 123-128, 2012.
2）Rogers, J.: Work is key to recovery. Psychosocial Rehabilitation Journal, 18; 5-10,

第 2 章 ピアスタッフの現状 57

1995.

3）Deegan, P.E.: Recovery: The lived experience of rehabilitation. Psychosocial Rehabilitation Journal, 11; 11-19, 1988.

4）Sabin, J.E., Daniels, N.: Managed care: Strengthening the consumer voice in managed care: VII. The Georgia peer specialist program. Psychiatric Services, 54; 497, 2003.

5）相川章子：北米におけるピアスペシャリストの動向と課題（特集：当事者活動とソーシャルワーク）．ソーシャルワーク研究，37；191-202，2011.

6）Kaufman, L.K., Kuhn, W.B., Manser, S.S.: Peer Specialist Training & Certification Programs: National Overview 2016. Texas Institute for Excellence in Mental Health, Texas, p.135, 2016.

7）The City of New York: Thrive NYC. 2016.

●●● 第2章　ピアスタッフの現状

英国におけるピアの働きについて

佐々木理恵

東京大学医学部附属病院精神神経科（ピアスタッフ）

はじめに

　本稿では，英国における精神的困難の経験を持つ人の働き方，とりわけここ数年英国を中心にして世界的に広がりをみせている取り組みである"リカバリーカレッジ"における精神的困難の経験を持つ人の働き方について紹介したいと思います。

　なお，私は2016年と2018年に英国視察に行く機会に恵まれたのですが，本稿で紹介する内容は英国でもたくさんある側面の1つであるという点をご理解ください。

英国における精神的困難の経験を持つ人の活躍の場

　まず初めに，英国において精神的困難の経験を持ち，その経験を活かして働く人（以下，ピアサポートワーカー）がどんな場で活躍しているかというと，日本の現状と同じく，病院やクリニック，訪問支援の場といったような精神保健医療福祉の場で活躍しているという点では日本と変わりないと思います。

　過去にロンドンでお会いしたピアサポートワーカーの一人はMindと

いう慈善団体（Mind：https://www.mind.org.uk/）での仕事として病院内を案内することを役割としていると聞きましたし，ロンドンから北に1時間ほどの場所にあるピーターバラという地域にある早期介入チームの Cameo, Early Intervention Service（CAMEO：http://www.cameo.nhs.uk/）でお会いしたピアサポートワーカーの皆さんは，精神症状の初期やその兆しがある人たちへの早期介入のサポートを仕事としていました。彼らの活動の対象は移民の人も含まれているとのことで，必要に応じて通訳が同行する場合もあるそうです。そして，自分自身をリカバリーのモデルとして示していき，リカバリーへの希望を持ってもらうための役割を担っていると聞かせてくれました。

　このように，英国のピアサポートワーカーも「医療」「福祉」の場で活躍をしているのがわかると思います。そして，英国ではピアサポートワーカーの活躍の場は他にもあり，それが以下に紹介する"リカバリーカレッジ"になります。

リカバリーカレッジとは

　リカバリーカレッジ（以下 RC，Recovery College：http://recovery-college-research.jp/）は，「医療」「福祉」の場とは異なる「教育」の場であり，これまで生きてきた経験から共に学び合い，そこからリカバリーを目指す学びの場です。従来の治療的アプローチから教育的アプローチへ視座を転換しています。そして，RC は根幹となる理念 "Co-Production" という考え方に基づいて実践されており，支援者－被支援者が「共に創る」場として全てのプロセス（企画段階から実施，そしてレビューまで）を，そこに関わるスタッフが共に行っていきます。また，支援者－被支援者のみならず，地域とも上手に繋がりながら展開しています。なお，RC は国の事業なので学費は原則無料です。

代表的な役割：ピアトレーナーについて

　RC では，たくさんの精神的困難の経験を持つ人がピアサポートを拠り所にした働きをしており，その役割の形も実に多様です。その代表的な役割の1つが，ピアトレーナーという RC において講座を担当する進行役です。RC は全てのプロセスを Co-Production で行うので，講座自体も基本的に専門職とピアが一緒に進めます。1つの講座には進行役が2人おり，1人はピアトレーナー，もう1人はプロフェッショナル（専門職）トレーナーとなります。RC の学生は，講座ごとにこれら背景の違うトレーナーと一緒にリカバリーに向けた学びの場を重ねていきます。

　「Co-Production だとピアと専門家がいて，その2人でのやりとりも含めて，特にピアの人たちの生きた経験がちゃんと見えるようにグループが進んでいくからリアリティーが凄くある」と視察で訪問した South West London Recovery College のマネージャーであるジェレミーさんは述べていました。すなわち，リカバリーを現実のものとするにはピアの役割が欠かせない存在になっているということです。

　また，ピアトレーナーの他にも，ピアメンター，ピアラーニングアドバイザー，ピアサポートマネージャー，ピアボランティア，リカバリコーチ…etc といった多様な役割が存在します。

ピアトレーナーの雇用形態

　では上記のようなピアトレーナーは，どのような雇用の形なのでしょうか。英国では RC は国の施策なので，ピアトレーナーの雇用元は基本的には NHS Trust（National Health Service Trust：国民保健サービス）となります。NHS は国の機関なので，つまりは公務員として雇用されます。常勤で働く人もいますが，非常勤として働く人も多く，時間

数や経験値などによって給料が変わってきます。給料体系は全て NHS
で決められており，その体系は全職種（看護師，PSW，OT，ピア等）
共通して 9 段階に分かれているとのことです。Band1 〜 Band9 という
形で数字が大きくなるほど，給料が高くなります。ロンドン市内の RC
は物価が高いこともあって Band5 で，これは病院の中で働く看護師や
新卒の作業療法士と同じレベルとのことです。ただ，これは地域ごとに
物価が違うので，ロンドン以外ではもう少し給料が下の Band になるカ
レッジもありました。

● ピアトレーナーの雇用方法とトレーニング体制

　RC のピアトレーナーのトレーニングは，2010 年当初はアメリカのア
リゾナからピアスペシャリストを呼んで行っていたそうですが，今はそ
の時のやり方を元に英国国内各地域でそれぞれにトレーニングを実施し
ているそうです。各 RC によって雇用の方法に差異がありますが，その
一例を紹介すると，まずは公募に応募してもらい，適性を図るための審
査があり，グループミーティングのなかで他の人とのやり取りを審査員
が観察します。そこから選ばれた人が個人の面接を受けます。また，そ
こから選抜された人がトレーニングに進むという形で，非常に競争が働
いているそうです。それは当事者にとって非常に人気がある仕事になっ
ていることと，職務面でみると重要な仕事であるし，いろいろなスキ
ル・経験が要求されるので公平に判断されるのが重要だということで
す。
　実際のトレーニングの期間も地域によって差異がありますが，一例と
して紹介すると合計 12 週間のトレーニングで，週に 1 日× 12 週間のト
レーニングを受ける形になり，それにプラスして work experience と
いって実地研修が入るとのことです。トレーニング内容としては，基本
はアリゾナからのピアスペシャリストを呼んだ際のモデルを踏襲しつつ

ブラッシュアップしているそうで，例えば積極的な話し方，コミュニケーションの仕方，自分のことをきちんとオープンに話し，その際にどういう風に話すかといったことです。また，どういう言葉を使ったらよいのか，どういう話し方をしたらよいのか，全体の雰囲気をどういう風に作っていけばよいのか，自分に対する自信や尊敬をきちんと保持するにはどうしたらよいのかと多岐に渡る内容になっているそうです。このようなトレーニングを各地域のリカバリーカレッジが担っています。

困難の経験を持つ人が働く意味・意義について

　英国におけるピアスタッフの働き方の一例として RC のピアトレーナーの紹介を記しましたが，英国でもピアスタッフの導入までのこの 10 年はとても大変な道のりだったと聞いています。けれど国家規模で体制を整えてきたこと，そして何より現場の従来の専門職やピアスタッフが，ピアスタッフの働きの意味や働きがもたらすものについて真摯に取り組んできたからこその今があるのだと思います。2 回の視察では，たくさんのピアスタッフに会いましたし，どの人もいきいきと，そしてとても誇らしそうに働いていることがとても印象深く記憶に残っています。

　ここ数年，日本でも「ピアスタッフの専門性ってなんだろうか」と議論される場面を目にするようになってきましたが，英国では精神的困難の経験を活かして働く人のことを Lived-Experience と言って，"生きた経験"を持つ人として捉えています。そしてピアスタッフを「メンタルヘルスの生きた経験を活用する専門家」，専門職は「学んだ知識とスキルを活用する専門家」として定義しています。どちらも共に専門家であることに変わりなく，何を資源としてその役割を果たすかの違いで，どちらが上ということではなくイコールであること，そしてどちらがよ

いということでもなく，両方が共にリカバリーには大切な存在であると，視察先で出会ったピアワーカーも専門職も皆，口をそろえて述べていました。

　日本でも近年，精神的困難の経験を活かし，今困難の最中にある人のための自分自身の経験を活かすピアスタッフが注目されていますし，確実に増えている現状があります。ただ日本における展開としては雇用体制や研修体制が整っているとは言い難く，英国が培ってきたもののなかにたくさんのヒントがあるように思います。なにより英国では 10 年かけて変わってきたという現実が，日本のこの先のピアスタッフの活躍を勇気づけてくれているように感じています。

●●● 第2章　ピアスタッフの現状

フィンランドの「経験専門家」という
ピアサポートのあり方

下平美智代

国立精神・神経医療研究センター，（元）リカバリーサポートセンター ACTIPS

● はじめに：経験専門家とは

　経験専門家とは，フィンランド語の "Kokemusasiantuntija" の和訳です。フィンランドでは，精神的もしくは身体的な病気や障害，その他の人生上の困難な体験をもつ人が，自分の経験を他者に話す（分かち合う）ためのトレーニングを受けることで，経験専門家として，同じような病気，障害，困難をもつ人のピアサポートに携わっています。経験専門家は，一般の人々，医療の専門家や教育者，学生等に対して，講演会や特別授業などで自分の体験について話をするという活動も行っています。

　経験専門家の活動は，最初は身体的な病や障害のある人々の間で始まりました。メンタルヘルスの領域でこの活動が始まったのは，フィンランド第三セクターのミエレン（Mielen）という精神保健協会（1991年創業）が経験専門家活動を始めた2001年頃であると思われます。現在はフィンランド全土の複数の機関で養成と実践が展開されています。一般的なトレーニングには，個人史の作成，プレゼンテーションの練習，コミュニケーションスキルやグループカウンセリングのスキルを学ぶことが含まれるということです。

私は，2017年2月にフィンランド北部の西ラップランド保健圏域に
あるケロプダス病院を訪れた時に，経験専門家とそのグループミーティ
ングをファシリテートしているスタッフの話を聴く機会を得ました。ケ
ロプダス病院はオープンダイアローグ発祥の地であり，30年以上にわ
たって「治療ミーティング」と呼ばれる対話の場をもつことを精神科医
療で実現してきました。経験専門家のトレーニングが始まったのはまだ
新しく，2014年のことです。ここでは，オープンダイアローグのミー
ティングを行うことがすなわちトレーニングとなります。

オープンダイアローグのミーティング

　オープンダイアローグのミーティングでは，椅子を円状に並べて参加
者同士向き合います。ミーティングというと何か答えや結論を出すため
の話し合いを思い浮かべるかもしれません。しかし，オープンダイアロ
ーグの「話し合い」は，ただ一つの答えや結論に話が収束していかない
ように意識されています。話し合いの目的は，これまで語られなかった
ことが語られ，多様な視点が示され，選択肢が広がり，何か新しい共通
の理解が参加者の間にもたらされることです。この話し合いでは，一人
が話しているときには他の人は黙って聴いています。ケロプダス病院の
治療スタッフのほとんどは共通のトレーニングを受けているのですが，
そのトレーニングでは「聴くこと」と「話すこと」を意識的に分けると
いうことをします。8人一組のグループミーティングでは，1人が話し
ているときは他の人は黙って聴きます。こうしたグループのなかで自分
自身のことを話すことにより，それまで意識していなかった感情，思
い，過去の体験，自分自身の様々な面に気づいていきます。経験専門家
のトレーニングも同様に8人のグループで，90分の時間枠のなかで，
毎回2人だけが交代で話をし，他の参加者はただ聴くということをして
いるそうです。

ケロプダス病院の経験専門家

　ケロプダス病院の経験専門家は公募ではありません。治療スタッフが，この人はと思う人に「経験専門家になってみませんか？」と声をかけるそうです。経験専門家のグループミーティングのファシリテーターをしているケロプダス病院スタッフは，「まだ手探りなので，参加者の意見を聴きながらやっています。大切なのは，語ることが回復の1つのプロセスになっていること，参加者が気持ちよくトレーニングを続けていくということです。自分のことをまずは気にかけることから始めて，自分自身に気づいていくことが大事だと思っています」と話してくれました。そして，ある経験専門家は，「私は自分のストーリーを語るうちに，大事なのはただまんべんなく語るということではないということを学びました。何度も話をしているうちに，自分のストーリーも重点を置くところが変わっていきます。誰に向かって話をするのか，何を話すのかということを意識するようになります」と自身の経験を話してくれました。

　ケロプダス病院では，経験専門家は病院に所属しているピアスタッフではありません。病院スタッフから経験専門家個人に仕事の依頼があります。例えば，治療ミーティングへの参加，セミナーでの講話，病棟運営への提言，スタッフ同士の協働のための話し合いへの参加の依頼があり，それぞれの経験専門家は受けた仕事に応じて謝金を受け取るようになっているそうです。

ACTIPS における経験専門家プロジェクト

　筆者の所属する法人（ACTIPS）では，2018 年度より新しいピアサポート・プロジェクトとして，「経験専門家　語り聴く会」を始めました。これは実質，当法人の経験専門家養成講座です。経験専門家の活動

に関心をもつ4名(男性1名,女性3名)が1期目の「語り聴く会」に参加しています。「語り聴く会」は毎週1回90分,全12回の予定です。フィンランドの経験専門家のコンセプト,そしてケロプダス病院の経験専門家のグループミーティングを参考にしていますが,マインドフルネスを取り入れるなど,独自のプログラム構成にしています。「語り聴く会」12回を修了した人はACTIPS経験専門家として登録することができます。仕事の依頼としては,アウトリーチ支援におけるピアサポート,グループ活動のファシリテート,スタッフ研修での講話,外部からの講演依頼などを想定しています。いずれ別の機会でこの試行のプロセスを報告したいと考えています。

おわりに

　人は誰もが自分自身の経験の専門家といえます。ただ,その「経験」を他者に役立つように差し出せるようになるためには,ある種の「トレーニング」が必要かもしれません。それは,語ることと聴くことで,自分自身を見つめ,感じ,気づき,理解を深めるためのトレーニングといえるかもしれません。

　一方でこうしたプロセスは,私のような専門職にこそ必要だという自覚も強く湧いてきています。前述のように,ケロプダス病院ではスタッフ・トレーニングとして,自分自身のことを語り,他者の話を聴くということをします。最後にケロプダス病院心理士のTapio Saloの言葉を紹介して結語としたいと思います。「こうしたことをするのは,ここに至った経緯を自分で知るため,そして自分の痛みを自覚するためです。心理的支援をするのだからそれは必要なことです」。

【謝辞】 貴重なお話を聴かせてくださったケロプダス病院の経験専門家の皆様とスタッフの皆様，通訳を務めてくださった森下圭子さんに感謝を申し上げます。

【付記】 2017年2月のケロプダス病院におけるヒアリングは，JSPS科研費（基盤研究B）（JP16H03091）の助成を受けて行ったことを申し添えます。

第3章 ピアスタッフになること：その仕事と役割

●●●● 第3章　ピアスタッフになること：その仕事と役割

ピアスタッフになり活動すること：私の体験から①

まず，自分の想いと言葉と行動 そして，誰かに助けてもらうこと

高柳　律

社会福祉法人のうえい舎 就労継続支援 B 型事業所かりん

はじめに

　「ピアサポートをやろう」，そう決めたのは 2011 年だったと思います。私は，何度も入退院を繰り返していて，どうすれば元気になれるのかを知りたいと強く思っていました。入院中の作業療法では，周りのみんなが革細工や手芸をやっている傍らでパソコンに向かい，元気になるためにはどうしたらよいのかを考え，1 人で冊子を作ったりしていました。ピアサポートを目指すきっかけを作ってくれたのは，デイケアのスタッフで精神保健福祉士の H さんでした。退院後に，デイケアでリカバリーについて熱心に話をしていたら，「ピアサポートをやってみたら？」と勧めてくれました。はじめはピンときませんでした。でも，自分がリカバリーにとても興味を持っていたので，その活動をしたり，それを仕事にしたりすることができるのだとしたら，とても魅力的だと思いました。だんだんやってみたくなり，数日後，H さんにそのことを伝えようと思ってデイケアに行きました。

　その日，たまたま H さんはデイケアにおらず，外来の仕事をしていました。しかし，私の話を他のスタッフから聞いたようで，時間をつくってデイケアに来てくれました。他のデイケアメンバーがスポーツのプ

第3章　ピアスタッフになること：その仕事と役割　71

ログラムで出かけていて，私がぽつんとデイケアルームにいたら，Hさんが文字通り部屋に飛び込んできました。私は，今でもありありとその光景を思い出すことができます。Hさんの後ろから燦燦と光がさしていて，後光のように見えました。そのときは，はっきりとはわからなかったけれど，自分がやりたいと思えることができて，それを応援してくれる人がいる。とても幸せな，希望に溢れた瞬間だったのではなかったかと思います。

ピアサポートを始める準備

　しかし，それからすぐにピアサポートを始められたわけではありませんでした。Hさんが相談に乗ってくれ，一緒にネットで調べてみましたが，次のステップに繋がることは特に見つかりませんでした。私はちょっと落胆しました。もっとスムーズに話が進むのかなぁと思っていたのです。ピアサポートとは，どこで何をすることなのか。Hさんも私も，漠然としたイメージで話していて，具体的には何もわからないままのスタートでした。何か資格を取ることも考えましたが，自分の体調を考えると学校に通うのは難しいと思いました。一番ハードルが低そうなヘルパー2級でさえ，学校に通う前の説明を受けただけで具合が悪くなり，頓挫してしまいました。私はショックを受けて，また寝込んでしまいました。

　それからは，できることをやり，積み重ねる毎日でした。まず，ピアサポートをするのなら，まず自分が元気でなければいけないと思いました。これまでも，元気になりたいと漠然と思っていたけれど，具体的にどんなことができるだろうか。自分の体調管理に，これまで以上に気をつけるようになりました。また，どんな人とも話ができなければいけないと思いました。これまでデイケアでは，親しい人とばかり仲良くしていましたが，それからは自分の好みで分け隔てることなく，いろんな人

と交流するようにしました。その後，Hさんが，当事者が運営している地域活動支援センターがあることを調べてきてくれて，そこに通い始めました。自分で調べて，研修を見つけると出かけていきました。当時は，交通費等の出費が多くなったことに罪悪感を感じていたように思います。働けない私，稼げない私は大きな劣等感でした。でも，身銭を切って，自分から出向いていく経験を重ねることで，自分のフットワークが鍛えられていったように思います。

　自分から動き始めたことで，新しい仲間が増えていきました。デイケアの仲間とは，「低空飛行が一番」「体調がよくなったように感じても，一時のことでまた落ちるんだ」という会話を当たり前のようにしていましたが，新しい仲間との関わりを通して，私はそういった過去の当たり前を疑うようになっていきました。私たちはもっと元気になれるし，なってもよいのではないかと思うようになっていきました。現在所属しているのうえい舎で，ピアスタッフの募集が出ている情報を教えてくれたのも，その新しい仲間たちでした。実際に，ピアスタッフとして雇用されたのは2013年の冬でした。面接では，「自分が仲間に助けられた経験」を聞かれました。私は，デイケアでの友人関係で，初めてできた横の繋がりに助けられたことを話しました。

　ここまでの2年間の全てをここに書くことはできないけれど，途中で何度も挫け，何度も体調を崩しました。スムーズにピアスタッフになれたのかというと，全くそんなことはありません。でも，今ではこの長い準備期間は妥当だったのではないかと思っています。デイケアにいた頃の私は，「与えられたものにケチをつけるだけで受け取ろうとしない私」「頭で計算ばかりして実際に行動しようとしない私」でした。この2年間を経て「本当に欲しいものは自分で掴みに行く私」「欲しいものを手に入れるために生じる，悩み，葛藤，損を厭わない私」に変わっていったように思います。自分自身のリカバリーが大きく進んだのだと思います。

ピアスタッフとして働き始める

　念願のピアスタッフになれた頃，私はとても嬉しい気持ちでいっぱいでした。長い間やりたいと思っていたことが実際にやれている。やりたいこととやっていることが一致していて，それが収入になっている。楽しくて，がむしゃらに仕事をしました。でも，未熟なところもいっぱいありました。私は，仕事を始めてすぐに，仕事の量を自己管理できず，体調を崩しました。数週間，仕事に穴をあけました。私はとても悔しくて，先輩が電話をくれたときに大泣きしました。仕事をしていても，悩みや葛藤は多かったです。そもそも，支援の仕事は初めてで，様々な場面で具体的にどうしたらよいのかわからないことがたくさんありました。役に立ちたい気持ち，何かしら結果が欲しい気持ちがありましたが，目に見えた成果はすぐにはやってきません。焦っては立ち止まるの繰り返しでした。

　ピアスタッフになって１年が経った頃，施設の運営が変わりました。先輩のピアスタッフが施設長になり，専門職不在の地域活動支援センターになったのです。主体的に取り組んでいること，みんなで協力して作り上げている感覚は大きな喜びでした。相変わらず熱心に仕事に取り組んでいました。でも，仕事が手探り状態であることに変わりはなく，悩みや葛藤も多かったのです。施設内でトラブルが起きると自分たちでは解決することができず，その度に同じ法人の専門職の人に助けてもらうことになりました。

　また，毎日のやるべきことに追われていると，それだけで日々が過ぎていきます。もっともっと自分自身とメンバーのリカバリーが進むような，新しい仕掛け，試みをやってみたいと思ってはいても，そこまで手が回らない状態が続きました。メンバーからは，たくさん受け取っていて，助けられていて，学びを得られている自分が，メンバーに何を返しているだろうか。相変わらず，自分が何の役に立てているのかわかりま

せんでした。ピアスタッフをしている私自身も，どんな風に仕事をすればよいのかわからず，メンバーもピアスタッフをどんな存在として受け入れ，何を期待してよいのかわからない状態だったと思います。病気や障害の経験がない専門職の人々とメンバーとの隔たりを橋渡しして，リカバリーを促進する存在としてピアスタッフが機能するのが本来の在り方なはずです。なのに，ピアスタッフがピアなのかスタッフなのか中途半端な立ち位置なために，メンバーが混乱してしまってトラブルになり，専門職の人々がその解決をするというようなことも起こりました。ピアスタッフならではの価値，役割とは何か。漠然と悩む日々が続きました。

　その体制は1年余りで終わりました。そのときに専門職の上司が，ピアスタッフ，メンバーを集めて，体制を変えることを伝えました。私は，この1年間，自分たちがやってきたことは何だったんだろうと悲しい気持ちになりました。でも，一番悲しかったのは，成果を出せなかった自分たちのふがいなさでした。この決定をした上司にも葛藤や苦悩がたくさんあったのだと私なりに理解しています。任意の活動ではない，仕事としてのピアサポートの厳しさに触れた時期でした。

　その後，私たちピアスタッフは同じ法人の別の就労継続支援B型事業所に配置され，専門職の人々との協働が本格的に始まりました。ピアスタッフは曜日ごとのシフトになり，顔を合わせることも減りました。上司も同僚も場所も変わり，新しい環境で働くことになりました。

　はじめはとても緊張していて，仕事に行くだけでヘトヘトに疲れました。専門職の人々は，キャリアも長く経験も豊富な人ばかりです。立場的には，他の専門職の人々とピアスタッフは協働する対等な関係性のはずです。それでもキャリアの差を考えれば，私たちは新参者です。他の専門職の人々との関係性やピアスタッフの専門性，立ち位置。どうしたらよいのかわからず，葛藤し続ける状態が続きました。

　その頃，私はピアサポート専門員研修の企画委員をやっていて，ピア

スタッフの在り方について考えたり，仲間と議論したりする場面がたくさんありました。その中で，ミニ精神保健福祉士やプチ看護師になることとは違うピアスタッフならではの専門性，提供できる価値があるはずだという話をしていました。研修の中で，そういったことを私自身が実際に講義することもありました。でも，実践の場である自分の職場で働いていると，自分が頭に描いているピアスタッフの在り方と，専門職の人々がピアスタッフに求めていることには，大きな隔たりがあるように感じてきました。今，振り返って，専門職の人々や自分自身と，もっとよく対話し，考察を深められればよかったのかもしれないと考えます。リカバリーについて，もっと考えを深めたいという想いがありつつ，毎日のやるべきことに対応するだけで精一杯になってしまいました。また，自分の想いを伝えることに恐れもありました。専門職の人々が何十年もかけて構築してきたリカバリー観と自分の考えが異なるときに，どのように発信したらよいのか，そんな葛藤もありました。

ピアスタッフを卒業する私から，これから始めるあなたへ

2018年，今この原稿を書いている現在，私は"初心に帰りたい"と思っています。元々，私がピアスタッフを志したのは，病気になり，障害者になった自分が，これから元気になって幸せに暮らすことを仲間と一緒に追求し，そのなかで得た学びをシェアし合い，ますます学びを深め，もっともっとリカバリーしていきたいという想いからでした。自分自身が元気で幸せに暮らす体現者になる。そのためには様々なことに挑戦して，自分で試すことが欠かせないと考えています。現在は，ピアスタッフとして活動する自分を一旦終わりにして，新しいフェーズに入ろうと思っています。

ピアスタッフとして働くことは，私にとって楽しく豊かな経験でした。でも，楽しさ豊かさには，コインの裏表のように，悩み，葛藤もあ

りました。それらも含めて，やってみたい，雇ってみたい，という人がいるなら，それは素晴らしいことだと思います。新しい価値を見出すときは，これまでの価値を刷新しなければなりません。ピアスタッフ本人も，雇う側も，その覚悟を決めて，変化すること，ぶつかること，悩むこと，自分を再発見することを恐れず，厭わず，粘り強く行動したときに新しいリカバリーと出会えるのかもしれません。

●●●● 第3章　ピアスタッフになること：その仕事と役割

ピアスタッフになり活動すること：私の体験から②
当事者ソーシャルワーカーとして働く

稲垣麻里子
北海道ピアサポート協会

今までのこと（発症に至った経緯，経過）

　私は北海道の田舎町で生まれ，高校卒業までそこで過ごしました。1人で遊ぶのが好きな子どもでした。小学生まではそれなりに友達がいましたが，中学生になると異性を含めて人にどう見られているかを意識しはじめて内気になり，高校1年時には友達が1人もいなくなりました。高校2年になってから中学時代からの友達を頼って他のクラスに同性の友達ができましたが，休み時間，特に昼休みにお弁当を1人で食べることは少し寂しかったです。「内気な性格を変えて明るくなりたい」「東京へ行けば何か変われるかも」と淡い期待を抱き，実家を出て，東京の大学へ進学しました。

　知り合いのいない大学で，初めての一人暮らしでした。大学には「担任」という専属教師はおらず，友達がいないと情報が入らないため，掲示板をマメに見ないと休講等がわかりませんでした。ゼミとクラブに所属し，その仲間とは合宿等の活動を通して，それなりに深く関わることはできましたが，同じ学科ではよく話す友達は1人くらいでした。大学に学生相談室があったので，時々相談しました。そして，友達に紹介してもらったカウンセリングルームや心療内科のカウンセリングへ通うよ

うになりました。大学は卒業論文で半年留年したものの無事に卒業しました。

　就職し，テレビの制作会社でアシスタントディレクターをしている時に，週２日徹夜の生活が続き，初めは眠くなりましたが，徐々に眠くならずに短眠になり，やがて眠れなくなりました。仕事は面白かったのですが，上下関係が厳しく，昼夜逆転の生活，家にいる時間は眠るだけでオフがないことに疲れて，退職しました。小学生の頃から深夜放送を聞く夜型でしたが，仕事で週２日徹夜の生活を続けた結果，夜になっても眠くならずに変に楽しくなり，夜な夜な人に会って活動的で多弁になりました。店で売っている物が自分に必要な物に見えてきて，辞書や雑誌，スーツ等を買いました。

　カウンセリングを受けていた心療内科の医師にかかり，薬を処方されました。薬を飲むと，症状なのか副作用なのか，落ち着かなくなってじっとしていられなくなり，また腹痛が治まらなくなりました。通っていた心療内科が休みのときは，救急車を自分で呼んだこともありました。救急車で運ばれた病院では，異常がなく若い医師には邪険にされ，同じ日にもう一度救急車を呼んで同じ病院に運ばれた時にベテラン看護師に「少し休んでいきますか」とベッドで休ませてもらったら，気持ちが落ち着いてきたことを覚えています。しかし，その後も症状が安定しないので，北海道の親元へ戻り，精神科へ入院することになりました。

　私は昔から好奇心旺盛なので，精神科病院へ入院することに興味津々でしたが，実際の入院は，アメリカ映画の『カッコーの巣の上で』そのままでした。旧態依然とした病院の閉鎖病棟で，すべての荷物をチェックされたり，兄が買ってくれたパジャマに消えない油性マジックで名前を書かれたり，夜は時間になると患者は並んで薬を直接口に入れられたり，まるで囚人のような扱いでした。半年間後に退院しました。

　退院後すぐには働けないので，まずは社会教育や自然観察，社会福祉のボランティア講座に参加しました。働いているか働いていないかは関

係なく，同じことに興味を持つ仲間が集まり，泊まりがけの研修で学び
語り合うなかで得られたのは，精神科病院では得られなかった"水平で
対等な関係"でした。印象的だった出来事は，ボランティアOBの会で
毎月定例会があり，「得意物講座」という自分の得意なことを話す時間
があり，自分の障害について話しましたが，ボランティア仲間は変わら
ずに接してくれたことが嬉しかったです。

　また，公的機関のデイケアに毎週通所するようになりました。そこで
革細工，調理実習，ゲーム，スポーツだけでなく，バーベキュー，海水
浴，一泊旅行を行い，職員のみなさんが同じ人間として関わり，退所後
も仕事の相談に乗ってくれたことが嬉しかったです。

　退院後は，多量に薬を飲んで廃人化した患者になることを恐れた親の
勧めもあり，転院して通院治療しました。転院先の医師は，いつも血圧
を測り，傾聴し，薬の説明もしてくれましたが，私の言いなりになり，
躁状態になったら抑える薬，うつになったら気分を上げる薬が処方さ
れ，薬により躁うつを繰り返し，安定しない状態が続きました。その
後，たまたまかかった病院へ転院しました。転院先の医師には，表面的
な話だけでなく異性との付き合いがうまくいかないこと等，プライベー
トな悩みも伝えられるようになりました。薬を徐々に減らし，現在は気
分安定薬だけに変更し，副作用も少なく，安定してきました。

福祉の仕事に就こうとした理由：資格取得，身体障害者支援から高齢者支援へ

　人間扱いしない精神科病院の看護師や医師をはじめとした専門職の関
わり方から，日本の精神医療に疑問を感じて，医療や福祉に関心を持ち
ました。介護保険法が施行された2000年にホームヘルパー2級を取得
しました。精神障害者に関わることは自分を見るようでつらかったの
で，脳性麻痺等の身体障害者施設で介護の仕事に就きました。その後，
上司に紹介してもらい，老人保健施設で働いた時に臭いと忙しさについ

ていけずに挫折して，仕事より学校のほうが楽だと思い，1年間専門学校へ通い，精神保健福祉士を取得しました。

福祉の仕事に就いてから：自閉症や知的障害者支援から精神障害者支援へ

まず自閉症者や知的障害者の施設で働いている時は，私自身が抗精神病薬を飲んでいて，手が震えたり，口が回らなかったり，瞳が縮んで見えづらかったりしていました。他の職員にバレないか，様子がおかしく見えていないかと心配でした。私は隠せない性格なので，どの職場でも信頼できる上司や同僚に障害のことや薬を飲んでいることは話しました。しかし，職場によっては，上司から障害については隠すように言われました。今考えると，障害であることはわざわざ言いふらすことではないこと，障害があると半人前であると思われること，「障害＝同じように仕事はできない」と見られるからであったと思います。

一方で，利用者に自分の障害について話すと，入院や投薬等で同じような経験をしていることで，信頼関係を作ることにつながったこともありましたし，ある利用者との関係が近過ぎて友達関係になってしまい，他の利用者とは平等ではない関係になり，私自身がつらくなったこともありました。その時に，適切な距離感が利用者にとっても私自身にとっても必要だということがわかりました。

現在，これからの仕事について

2014年に，一般社団法人北海道ピアサポート協会を主に精神疾患当事者仲間と設立して，自立訓練（生活訓練）＋就労継続支援B型の多機能型事業所を開所してそこで働いています。

設立当初は，管理者兼サービス管理責任者になり，利用者に対するアセスメント・個別支援計画作成等を中心に行っていました。しかし，私

は聞いたことを文章化することが苦手で，サービス管理責任者歴はあるのですが，うまく計画書を書けずに困っていました。

　現在は就労継続支援B型の職業指導員兼調理員として働いています。私は個別に利用者に関わるより，指導員や講師としてプログラム運営や施設外就労に関わるほうが向いていると思います。ただ，サービス管理責任者を諦めたのではなく，利用者の話を聴き，利用者のニーズを理解して，ストレングス（強み，長所）を活かした個別支援計画を立てることができるようになりたいです。

　あくまでも，基本はソーシャルワーカーとして，自分ができることにチャレンジしていきたいと思っています。以前は，やらなきゃと焦っていましたが，今は生かされていると思えることで気持ちが楽になりました。これからは，一番は自分の体調管理をして，職場の仕事＋法人の仕事＋個人の仕事もしていきたいと思っています。会社の名前が北海道ピアサポート協会であり，精神疾患当事者（ピア）が職員の多くを占める事業所が珍しいため，最近は「ピアサポート」についての講演依頼が多いです。

　精神疾患が完全に治らなくても，年齢とともに症状は安定することが多いです。自分の体調管理ができたら十分に職員として働き続けることができますし，できないことは支えてもらいながら，できることを増やしていけばよいと思います。また，多様な人がいて，多様な働き方がありますから，精神保健福祉医療分野に限らず，当事者本人の力（エンパワーメント）を活かして，いろいろな分野でパートから専門職まで活躍できるように，差別や偏見をなくすために，当事者ソーシャルワーカーとして活動したいです。

　私が今こうして自己肯定感や自信を持って働いていられるのは，差別や偏見を持たずに，家族である親やきょうだい，支えてくれている人たちである元支援者たち，仲間である元同僚，元利用者，同僚，利用者，当事者仲間，友達……，生きている人も亡くなってしまった人も会えな

い人もよく会う人も，たくさんたくさん支えてくれている人がいると私自身が思えるからです。

　これからも自分を見失わずに自分で自分を支えることを大切に，ソーシャルワーカーという仕事を続けていきたいと思います。

第3章　ピアスタッフになること：その仕事と役割

ピアスタッフになり活動すること：私の体験から③

淡路島での経験から

柳　尚孝

森の木ファーム株式会社

　私は，現在，就労継続支援A型，就労移行支援，自立訓練（生活訓練）を運営している多機能型事業所（兵庫県南あわじ市）において，生活支援員という立場でピアスタッフとして働き始めて1年半余りになります。これに先立ち，2010年から7年余りの間，医療法人の運営する相談支援事業所の臨時職員として，地域移行支援を主とするピアサポートスタッフをしていました。

　ここでは，どのような経緯で私がピアサポート活動と出会い，現在に至るまでの活動の一端を紹介しながら，ピアとは何か，ピアスタッフはどうあるべきか，ピアができることは何か，について述べてみたいと思います。

私とピアサポート活動との出会い

　私と統合失調症との付き合いは約25年間となり，私の人生においては，発症前の約25年間とそれぞれ四半世紀ずつになります。発症当時の1990年代は，「ピア」という言葉を耳にすることはなく，ただただ絶望の淵に打ちひしがれていたことが思い出されます。

　私は統合失調症と付き合っていく中で，最初の頃は精神疾患を自分の

内から除去しようという思いが強くありましたが，次第に自分の一部として受容した上で，精神疾患を経験したものでなければできない活動をしていきたいという境地に至りました。

そこで，このような活動はないものかと主治医に相談していたところ，ある日の受診時に，ピアサポートスタッフ募集のお話を教えてもらい，当時はピアサポートのピの字も知らず，右も左もわからないままピアサポートスタッフ養成研修を受講し，ピアサポート活動を始めることとなりました。

淡路島のピアサポート活動紹介

当地淡路島のピアサポート活動の第一義的な目的は，一通りの入院治療を経て，現状では継続的な入院治療が必要でないにもかかわらず，地域で生活していく住居が確保できないなどの理由から，長期にわたり入院生活の継続を余儀なくされている人（社会的入院をしている人）に対して，退院前後から関わり，本人側の立場に立って退院にかかわる心理面の不安などに共感し寄り添いながら，できる限り本人の不安などが軽減される形で退院し，地域での生活へと移っていけるように退院支援を行っていくこと（地域移行）にあります。続いて，地域移行で地域生活を始めた人や，地域で生活しながら孤立したり不安などを抱えている人などに対して，定期的に自宅を訪問して不安な気持ちや困りごとなどに共感しつつ寄り添いながら，本人の地域生活が軌道に乗り安定していくよう見守っていく（地域定着）活動も行っていました。さらに，地域に居ながら不安やしんどい思いをして生活している精神科への受診経験がない人（未治療の人）や，受診していたが今は受診していない人（治療中断者）に対して，健康福祉事務所（保健所）の保健師とともに自宅訪問し，本人の思いを傾聴しつつ共感し寄り添いながら，本人の孤立感やしんどさを軽減していくような取り組み（ピア訪問「アウトリーチ」）

も行うようになりました。

一方，退院に向けての不安な思い，地域生活での不安や生活のしづらさ，しんどさなどを自由に安心して吐露できる場として，病院や施設，地域に出向いて話し合いの機会を持つ（ピア茶話会「グループワーク」）活動も行ってきました。その他，体験発表（リカバリーストーリーの発表）や淡路島での先駆的なピアサポート活動を紹介するような講演を行うこともありました。また，ピアサポート活動内容について広報していくために，定期的な機関誌の発行をピアサポートスタッフが担っていました。

以上のように，当地淡路島でのピアサポート活動は，地域移行支援，地域定着支援，ピア訪問支援，ピア茶話会，講演，機関誌の発刊が主だった活動内容になります。

一方，ピアサポートスタッフとしての待遇面では，当初は最低賃金保障の時給制で，1日1〜2時間勤務の月20〜30時間くらいのパートタイム労働であったと記憶しています。ピアサポートスタッフとして2〜3年の経験を積んでいく中で，徐々に勤務時間は長くなっていきましたが，雇用契約上，週20時間／月80時間以内という勤務時間を超えることはありませんでした。

このようなピアサポート活動を7年余り行ってきた中で私が感じたこととして，まず挙げられるのは，活動当初の1〜2年間は医師や看護師，保健師などの支援者に対して，ピアサポートスタッフの就労に関する特性を理解してもらいながら，ピアサポートスタッフの存在の認知や介入のメリットを適正に把握してもらい，対象となる利用者に関わる一支援者としての信頼感を獲得していくことが最も大変であったと思い起こされます。このことに関しては，排他的対応をされて理解されずに叱責を受けたり，反対に介入の有効性を評価されたり，悲喜こもごものエピソードが多数ありました。そのような状況にも屈せず，3年，4年と日々のピアサポート活動の実践・実績を積み重ねてきました。しかし，

現在においても，ピアサポートスタッフの認知や有効性が，地域や社会はもとより，現場関係者にすら十分に周知されていないことが否めないのが現状であると考えます。

淡路島のピアサポート活動の課題

このような状況下で活動して8年目を迎える淡路島のピアサポート活動に関する今後の課題としては，10年足らずの実践・実績ではいまだ十分ではなく，ピアサポートの有効性の実証や普及，ピアサポートスタッフに対する信頼感のさらなる醸成・確立を進めていく必要性を実感します。これらに対しては，今後の日々の実践や実績の積み重ねをしていくことに頼る部分はもとより，関係する支援者のピアサポート活動の有効性やメリットの適正な理解をさらに獲得していく努力を怠らず，支援者や関係者，そしてピアサポートスタッフ自身も一丸となって協力する必要があります。さらに，障害者福祉制度や社会システムの改善・改革を促し，ピアサポート活動が社会に適正に受け入れられ組み込まれ，ひいてはピアサポートスタッフの待遇改善・保障を確立していくような取り組みの必要性があると感じます。というのも，現状では，収入や社会保険，有給休暇など，ピアサポートスタッフが一労働者としての当然の保護や保障がなされるべきであると考えるからです。

ピアサポートスタッフからの転身

このような現状や葛藤を経験していく中で，50歳を間近に迎えた頃，残り幾ばくもない私の就労人生において，何か現状を打破していくための挑戦として，私は精神保健福祉士の国家資格を取得して，現所属である多機能型事業所の生活支援員になることになりました。現職の自立訓練における生活支援員として働き始めて半年余りになりました。ピアサ

ポートスタッフとしての７年余りでは，対象となる人は統合失調症圏域の人でしたが，今の生活訓練の生活支援員としての職務の対象となる人は，知的・精神・発達やそれらを併発している障がいのある人であり，広範囲にわたる障がい特性であることから，日々，その支援や関わり方の多様性を実感している毎日です。

　そのような環境下においても，私の中にある一貫したポリシーとして，様々な障がいや生活のしづらさを抱えている本人ではありますが，その障がいや生活のしづらさは本人の特徴の一部であるという観点から，障がいを前面に押し出す，「障がいのあるＡさん」としてではなく，Ａさんの全人格な成長や発達（リカバリー）に着眼した，リカバリー志向に立脚した支援や関わりを信条としています。

　以上，これまでの私のピアサポート活動の一端を紹介しました。これらの活動を経験してきて今私が感じている，ピアとは何か，ピアスタッフはどうあるべきか，ピアができることは何かについて最後に述べてみたいと思います。

ピアとは何か

　まず，「ピアとは何か」についてですが，メンタルピアサポートという脈絡でいえば，メンタルに関して同じような体験や経験を持つもの同士が，そのお互いの体験や経験に基づき，それらを活かしながら支え合っていくことで，お互いのリカバリーが促進していくことを目的として，利用者を支援していくことといえるのではないでしょうか。すなわち，ピアサポートスタッフは決して終わることのない一生続いていくリカバリープロセスを利用者と同じような立場で共に歩んでいく人だといえるのではないでしょうか。

　また，「ピアスタッフはどうあるべきか」について一点挙げるとすれば，“ピアスタッフ”というカテゴリーが台頭してきた現段階では，ピ

アスタッフとして様々な立場で就労に従事している先駆的な人々が，これからピアスタッフを目指している人々の先鞭をつけていくためにも，今の就労実践を着実に積み重ねつつ，実績を蓄積していくとともに，確固たるエビデンスとなるべく，我が身を賭して従前以上に利用者のリカバリープロセスにおいて，より効率的であり合理的であるという有効性を実証していくことが肝要ではないでしょうか。

ピアができることは何か

さらに，「ピアができることは何か」について明快に言えることは，"ピア"は，何らかの精神疾患を経験・体験したことに伴う，その後の困難やしんどい経験・体験を経て，リカバリープロセスを実体験してきた人という意味において，実経験・体験を伴わない健常な専門職と比較すると，利用者に対しての共感力や発する言葉の共鳴力に有意な差が生じ，利用者のリカバリープロセスに今まで以上に寄与・貢献していくものだと実感しています。

「ピアとしてできることは何か」について，具体的な働き方の一案として，退院時コンサルテーションが挙げられると考えます。これは，対象となる人としては比較的若年であり，かつ治療経験が短い人ほどより有効であると考えます。なぜならば，関わるピアサポートスタッフの持ち合わせている，これまでの病的経験・体験やリカバリー経験のプロセス，ひいてはピアサポートスタッフ自身の人としての人生経験等を，全人的視点に立って対象となる利用者に対してコルサルテーションしていくことを想定すると，より早期に介入したほうが，その人のその後の人生やリカバリープロセスにおける効率性や合理性に，より効果的に働きかける可能性が高まると考えられるからです。コンサルテーションがない場合に比べて，その人がこれから経験していくであろう，様々なリカバリープロセスや人生における試行錯誤に対する負荷を軽減させる効果

がより高まるであろうと考えられます。

　最後に，これまで述べてきたことが，日頃のピアサポート活動の実践に何らか役立ち，今後の"ピアサポート"のさらなる普及・発展に繋がっていくことを切望して，筆を置くこととします。

●●●● 第3章　ピアスタッフになること：その仕事と役割

ピアスタッフになり活動すること：私の体験から④

私にもできることがある

上野康隆

はじめに

「私の考えていることはすべて間違っている」

　この言葉は，私が公立高校で教員をしていた時に頭いっぱいに浮かんだものです。みんなが私を変な目で見ている。誰も私に期待なんかしていない。そんな思いに支配された私の頭と身体は全く動けなくなってしまいました。

　その後，障がい福祉施設とご縁があり，ピアスタッフとして働くことになるのですが，それまでの道のりは決して平坦ではありませんでした。多くの人たちや考えに出会って，人生についてたくさん考えた結果がピアスタッフという道だったのです。

　そこで以下にこれまでの日々を書き記してみたいと思います。

仕事を始めてから休職するまで

　私が数学の教員として公立高校に赴任したのは平成22年の春でした。もともと数学が好きだった私は，大学では数学を専門に学び，とて

第3章　ピアスタッフになること：その仕事と役割　91

も有意義な学生生活を送っていたものでした。そして卒業後には念願が叶い，数学教員となるのです。

　大好きな数学を仕事にして働くことができる。私は期待に胸を膨らませていました。しかしいざ教員として働き始めると，予想以上に授業以外の仕事があるということに驚いてしまったのです。もちろん，数学を教えることや生徒たちとの触れ合いは充実していたのですが，部活動，校内の事務，行事など，教員としての仕事は多忙を極めました。特に私は他の先生方よりも要領が悪く（少なくとも自分はそう感じていました），仕事のスピードが遅かったり，ミスすることも多くありました。そして教員2年目になった頃から私の頭の中にこの言葉が浮かんできたのです。

　　「私の考えていることはすべて間違っている」

　すべての人の目が気になり，身動きが取れなくなる感覚に陥りました。そのうち「みんなは頑張っているのに私は頑張っていない」と考えるようになり，ますます心を閉ざしていくのでした。

　そして教員3年目の夏，ついに心と身体が日々の仕事に追い付かなくなり，通院した精神科の先生（以下，主治医）から「少し休んでみましょうか」と言われるのです。心の内は複雑でした。休職することで職場や生徒たちに迷惑をかけてしまうと思ったからです。しかし，その時の心と身体は十分な休息を必要としていたのです。その日から私は休職をしました。

●「学び」から得たもの

　休職をして心が晴れるのかというと，決してそうではありませんでした。特に平日の昼間には「みんなは働いているのに私は昼間から寝てい

る。何をしているのだろうか……」という考えが頭いっぱいに広がっていくのです。かといって復職できる自信もありません。このように，休職して半年くらいの間は心がもやもやした状態が続き，横になって過ごす日々を送っていました。

　そんなある日，このままではいけないと思った私は「調子をよくするために何か自分でできることはないか」と主治医に相談してみました。主治医からは心の調子を整える方法についての本や，院内で活動している自助グループを紹介してもらいました。特に，自助グループにはお世話になりました。ここで知り合った人を通じて，心の健康にまつわる様々な勉強会に参加することができたからです。この頃から，私は「こころ」に関するあらゆる考え方を学ぼうと，本を読んだり，勉強会に参加することに必死になっていきました。中でも WRAP（元気回復行動プラン）という自己管理プログラムは，今でも私の支えになっています。

　この頃の私にとって「学び」とは「生きること」に等しかったように思います。心がモヤモヤしていた私にとっては，学ぶということを通じて自分というものの輪郭が浮かび上がるように感じたのです。こうして休職から9ヵ月を経た頃には復職を決意することができました。

復職，そして新天地へ

　復職を決意したものの，いざ元の職場に戻るとなると非常に緊張しました。ところが私を待っていたのは復職を喜んでくれる職員や生徒たちでした。戻ってきてよかった。心からそう思いました。

　復職して約半年間は調子も安定したまま，勤務を続けることができました。そしてその後，別の学校へ転任することになり，今度は新天地での教員生活が始まるのですが，そこでもあの言葉が私の頭に押し寄せてきました。

「私の考えていることはすべて間違っている」

　精神的に落ち込む日々が再び始まったのです。新しい環境で，慣れない仕事に苦戦していたのは事実ですが，それ以上に身体がついていきませんでした。まぶたがけいれんし，手足に力が入らない感覚に襲われる日々。どんな姿勢になっても休まる感じがしないくらい，身体の緊張はなくなりませんでした。そして短期間ですが，精神科病院への入院もしました。このような状態を踏まえて，私は教員を退職することにしたのです。教員としてお世話になった多くの人たちを想うと，これは苦渋の決断でした。

ピアスタッフとして働き始める

　高校教員を退職してすぐ，私は障がい者の就職を支援してくれる就労移行支援事業所を利用し始めました。事業所での支援を受けながら次の就職先を考えるにあたって，頭に浮かんだのは以前休職中に出会った「こころ」についての学びと，その考え方を通じて知り合った当事者仲間や福祉・医療の専門職の人たちでした。休職中に経験できた当事者同士の支え合いや専門職の人たちとの心の交流は，先の見えない状態にあった私にとって希望の感覚をもたらしてくれたのです。

　「私の考えは間違えもするが，間違えだらけではない。このような私にもできることがあるのではないか」

　そんな思いから私は精神保健福祉の仕事を目指してみることにしたのです。
　事業所に通い始めてから 3 ヵ月ほどすると，その事業所で支援員を募

集するという話を聞きました。これはいいタイミングと思い，求人に応募。結果はうれしいことに採用でした。もちろん私の病歴は事業所の人も知ったうえでの採用でしたので，ピアスタッフとして働く日々がスタートしたのです。

　ピアスタッフになりたての頃，戸惑ってしまうことがありました。それは利用者のみなさんとの距離感の取り方です。ほぼ同時期に精神保健福祉士の資格を取得するための勉強を始めたこともあり，自分が支援者として振る舞うことにやりがいを感じる一方，違和感ももってしまったのです。そんなときに思い出すのは，精神保健福祉士の先輩から言われた「専門家にならないでね」という言葉です。専門知識ばかり先行して，当事者の感覚を忘れてはダメですよという意味だととらえています。以来，自分の経験からくる自分の感じたことも大切にしながら，利用者のみなさんと接するように心がけています。
　支援者として私が行う仕事は，就職に向けた訓練の企画や進行，同事業所で行っている地域活動支援センターの企画など様々です。ピアスタッフとして直接利用者のみなさんと接するだけでなく，どんな訓練であれば利用者のみなさんにとって有意義か，当事者目線で企画を考えることができるのが私の強みだと思っています。

　私は自分自身の経験から，ピアスタッフとして心がけていることが３つあります。まず１つ目は「かかわりをもつ」ということです。私が休職中に孤独感に押しつぶされずに済んだのは，家族や仲間の存在があったからだと考えています。実際に言葉を交わすことがなかったとしても，その存在だけでも私に希望をもたらしてくれました。ピアスタッフになりたての頃はかかわりをもつために「話しかけないといけない」と思っていました。しかし，人によっては「近くにいる」ということだけでもかかわりをもつことになるかもしれないと気づいてからは，ごく自

然に利用者のみなさんと接することができるようになりました。

　心がけていることの2つ目は「自分自身と向き合う」ということです。先ほども書きましたが，自分の感覚は過去の経験からくるもので，かけがえのないものだと思うのです。ですので，私は自身の沸き起こる感情や感覚もじっくり味わって，相手の価値観にも寄り添いながら利用者のみなさんと接するように心がけています。支援者である前に私は一人の人間です。専門知識で相手と接する以前に，人として対等に（自分と相手の違いを受け入れながら）接することが相手に対する誠意なのだと思います。

　心がけていることの3つ目は「なおそうとするな，わかろうとせよ」というものです。この言葉はカウンセリング心理学の大家である國分康孝氏の著書『〈自己発見〉の心理学』（講談社現代新書，1991）の一節で，私の好きな言葉です。就職に向けての訓練となるとどうしてもできないことをできるようにするという視点にならざるを得ません。しかし，支援者が利用者の皆さんに伝え導くには，その前提として，相手の理解と相手との信頼関係が必要になると思うのです。相手の話に耳を傾け，自分の価値観と違ったとしても相手の価値観を尊重することが必要なのだと思います。私には精神科病院への入院経験があり，その意味では利用者のみなさんと似た感覚を共有できるかもしれません。しかし，経験してきたことは人それぞれ違うわけなので，利用者のみなさんからの話を聞くときには「人生を学ばせてもらっている」という感覚で聞くように心がけています。

　実は私はまだまだ不安定で，いまだに調子が悪くなって休んでしまうこともあります。そのようなときは自分のことしか考えることができなくなるため，後から振り返って非常に恥ずかしくなるときもあります。また調子の悪い利用者さんからその不調をもらってしまうこともあります。ですがこのような私でも，いえ，このような私だからこそできるこ

とがある，と思えるようになったのは，この仕事に就いたおかげだと思っています。

まとめ

　ここまで書き記してきましたが，私にとってピアとは何なのか，いまだに手探りで取り組んでいます。ですが，ピアスタッフという生き方は素晴らしいと実感しています。どの人にも大切にしている生き方があります。相手の生き方を尊重しつつ，自分の生き方も大事にする。そのような姿勢がピアということなのかもしれません。

第3章　ピアスタッフになること：その仕事と役割

「経験を語り聴く」仕事

川村有紀
（元）社会福祉法人あおぞら　障害者相談支援事業所てれんこ

「ピアスタッフの仕事」について書く前に，私がどのような道をたどって今に至るか，少しだけ書いてみたいと思います。

閉鎖病棟で過ごす日々：入退院の繰り返し

私は高校生の頃から，みんなに見張られている，頭の中が筒抜け，そこにいない人の声で悪口が聞こえる，自分しか知らないことをばらされると感じたりするようになりました。だんだん人が信じられなくなって，人を遠ざけるようになり，学校の教室にも入ることができず，図書館や保健室などの別室で過ごすことも多くなりました。

なんとか希望の大学に入り，音楽科でパイプオルガンを専攻していました。しかし，自分のことを見張る視線や悪口，秘密をばらす声は次第にひどくなっていき，大学1年生の夏の終わりに精神科を初めて受診しました。それから大学は休学・復学を繰り返し，精神科の閉鎖病棟への入退院を繰り返し，長い時で1年半近く入院していたこともありました。

入院中，薬の副作用のためによだれをたらし，手の震えのためにコップ1杯の水を持ってくることもできず，何をするにも医療スタッフの世

話にならなければいけない自分がいました。そんな情けない自分は，薬で重くどろどろになった体をベッドに横たえておくことしかできず，そんな時に自分の周りの同級生らはいつの間にか大学4年生になり，それぞれに就職や留学などの進路を決めたり，なかには結婚する人もいるという話が私の耳にも届くようになりました。私は焦りとともに悔しさともどかしさを，泣きながら看護師や医師に訴えましたが，それはとてもみじめな姿でした。

希望の光

そんななかでのかすかな希望の光は，「このままではいけない。社会のために，人のためになるようなことをしたい。自分のこのみじめな経験を今まさにその最中にある人のために用いたい」という思いでした。この思いがすぐに形になったわけではないし，今がその時の思いの完成形であるとも思いませんが，今の私に至る道のスタートはこの思いでした。

私の仕事・職場について

私の職場は，障害者相談支援事業所てれんこというところです。「てれんこ」は緊張がとけた状態を示す言葉です。てれんこは仙台市が設置している障害を持っている人のための地域の相談窓口です。来所相談や電話相談のほか，交流室というお茶を飲んだり，来た人同士がおしゃべりや情報交換のできるスペースがあります。病気や障害の有無にかかわらず広く市民に参加してもらえる「こころの元気づくりワークショップ」（後述）を不定期で開催して，リカバリーやピアサポートについて学び合ったり，自分の経験や思いを語り聞き合う場も設けています。また，計画相談と言って，ヘルパーを利用するときや通所先に通うなどの

福祉サービスを利用するときに必要な計画（ケアプラン）を立てることもしています。

　私はそこで非常勤の相談支援員として週３日勤務しています。来所する人の対応・面接，電話相談，訪問相談，同行支援，関係機関との連絡調整，相談支援専門員の補助として，計画相談のモニタリング（福祉サービスの利用状況の確認のための訪問）の同行などの相談にかかわる仕事のほか，「こころの元気づくりワークショップ」の企画・運営を行っています。その他，会議への出席や環境整備などがあります。

「ピアスタッフ」と名乗ること

　私は「ピアスタッフ」と名乗って働いているわけではありません。名乗るとしたら「相談支援員」です。しかし，自分に病気や障害の経験があり，今もそれらと共にありながら仕事をしている，ということを職員にも利用者に対してもオープンにしています。初対面の人と話すなかで可能な限り短くではありますが，「当事者である」経験を話します。

　その理由は今も根強く存在する精神疾患・障害に対する世間の，あるいは病者・障害者自らの誤解や偏見ということに関係があります。利用者が多様な面を持っているように，私もまた多様な面があります。決して病者・障害者としての自分のみではありません。しかし，今は精神疾患・障害に対する誤解や偏見は「精神障害者は怖い。何をするかわからない」というようなあからさまなものもありますが，一見障害者の味方をしているようにも見えるが病気や障害を理由に可能性を狭めたり，選択肢を少なくしたりするようなこともあります。また，病者・障害者自身がそのように自らの能力や希望を制限してしまうこともあります。私自身が病気になった自分に対して「この病気になったら普通に働くことも，結婚して家庭を築くこともできないだろう」，「頑張ると再発する」と思い込んでいた時がありました。しかし，病気になっても障害が残っ

ても，幸福を追求すること，可能性を感じたり，希望を持つことは誰にも止められることではありません。そういった生きざまを示していくことも，ピアスタッフの在り方の1つだと思います。

　私が仕事をする時に土台としているのは，自分の病気や障害を経て今を生きている経験を目の前の利用者に合わせて引き出したり，用いたりするということです。ただ，いつも不安と葛藤がつきまといます。精神障害の経験に限らず，経験からの言葉というのは，迷っていることがあったり，決めなければいけないことがある時に大きな力となります。経験者が「これをしてよかったよ」と言えば，「そういうものなんだ。自分もそうしてみようかな」と思ったことがある，という経験のある人は少なくないのではないでしょうか。

　たとえば，利用者の人が「薬を飲みたくない」「入院したくない」と言ったとします。私は医師との相談なしに薬を飲まなくなって調子を崩し，その結果不本意でつらい入院生活を送ったという経験があります。私の経験を教訓として「薬を飲んだほうがいい」と説明するのはそれなりの説得力もあるし，わりと簡単なことです。しかし，利用者の一人ひとりは自分で考えて決める力があると私は信じています。だから利用者自らが考え，決める材料の1つとしてその場に私の経験を差し出し，置いておくという感じなのです。薬を飲むことも含め，何が正解かは誰にもわかりませんし，利用者が納得して「こうだ」と思ったことを尊重したいと思っています。「なんか違った」「失敗した」と思うのであれば，一緒に「じゃあ，どうしていくか」という話をします。

こころの元気づくりワークショップ

　担当している業務のなかに「こころの元気づくりワークショップ」というものがあります。これは，リカバリーやピアサポートについて，互いに経験を語り合い，聞き合い，学び合う場です。企画は，管理者，精

神的な病気の経験のある事務員，そして私の3人でアイデアを出し合っています。実際のワークショップの運営・ファシリテーターは，事務員と私の2人で行っています。対象は特に精神的な困難の経験者などに絞ってはおらず，普段の役割や立場を越えて，お互いの経験から学ぶことのできる場を目指しています。企画会議の時には，様々な立場の人たちが参加しやすいように日程や内容を検討していますが，同時に今はその場に来られない人にも思いを馳せることがしばしばあります。そのような人に届くためにはどうしたらよいか……。

　経験の分かち合いなどを求めている利用者や，ピアとの接触が有効と思われる利用者のところに相談員が訪問に行ったときに配ることができるように，小冊子「まだ見ぬきみへ」を参加者と一緒に作成したこともありました。事務員も私もワークショップにとり入れるために色々な本や資料を読んだり研修に参加したりしていますが，大事にしていることは2人の「経験の言葉」を語ることです。テキストに書いてあることを参加者とともに読み合わせをしたうえで，私たちがそれを読んでどう感じたか，どんな経験が呼び起されたか，そういったことを素直に言葉にして，参加者が読み合わせた内容を自分の経験に重ね合わせ，我がこととして捉えることにより，より学びが深まるのではないかと思います。また，私と事務員の間でも「経験の言葉」で語るようになってから，「同僚」という関係性を越えて，お互いを信頼する心や存在に感謝を覚える気持ちなどがより強まったように思います。

◖ ピアスタッフの仕事：7年目の春に思うこと

　この仕事を始めて 2018 年 4 月で 7 年目になりますが，「こんな感じでやればいいのかも」と思ったとたん，その手応えが手から逃げていく，本当に雲を掴むような毎日です。利用者が大切にしていることを私は大切にできているか。利用者の人が見ている世界に寄り添えているだろう

か。私が利用者との関係において大切にしたいことについて，この7年間「これでよかった」と思えたことは一度もなく，いつも不安になったり後悔したり，無力感を感じています。それでも今の仕事を続けている理由は，1つ目は20代の頃に抱いた"閉鎖病棟での自分のこのみじめな経験を今まさにその最中にある人のために用いたい"という思いや使命感，2つ目は一緒に働く上司や同僚，そして利用者の一人ひとりのことを尊敬していて，私は根源的に愛しているからだと思います。仕事で本当に辛いことや困難があった時に，一緒に働いている上司や同僚のサポートはもちろんですが，利用者とのかかわりのなかで癒されていくということを実感する機会が最近ありました。利用者からサポートされる感覚はこの仕事のメインではないかもしれないと思いますが，その感覚を感じることができること，その感覚を大切にできることはとても幸せなことかもしれません。

　ピアサポートは「わかる」ことからスタートすることもありますが，「わからない」からお互いに経験を差し出すということがあるのかもしれません。分かり合えると思う時もあれば，そうでない時もあります。世間ではピアスタッフの有効性が語られることが多くなりましたが，ピアスタッフが人をどうこうする力は持っていないのだと思います。ピアスタッフだから利用者とわかりあえる，支援がうまくいく，というのは幻想かもしれません。それでもなお，経験を差し出し，聴くことの意味は，お互いの経験からごく小さなことでも共感をすることで，"それは自分だけではなかった"という気づきを得ることであるとともに，今のありのままの自分を肯定するためのものであります。また未来に希望を抱いてもよいのだという自尊心や人としての尊厳を利用者も私も獲得するためのプロセス，これこそがピアスタッフの有効性ではないかと思います。

　ピアスタッフの仕事もほかの仕事と同様に，なってみないとわからない苦労がたくさんあるかもしれません。時に身を切るような，またその

郵便はがき

料金受取人払郵便

杉並南局承認

767

差出有効期間
2020年11月
30日まで

（切手をお貼りになる必要はございません）

168-8790

（受取人）
東京都杉並区
上高井戸1—2—5

星和書店
愛読者カード係行

|||l||l|||||l||||ll||l||ll|||l||ll||ll||l|l|l||l||ll||l||

ご住所（a.ご勤務先　b.ご自宅）
〒

(フリガナ)

お名前　　　　　　　　　　　　　　（　　　）歳

電話　　　　　　（　　　　）

★お買い上げいただいた本のタイトル

★本書についてのご意見・ご感想（質問はお控えください）

★今後どのような出版物を期待されますか

ご専門

所属学会

〈e-mail 〉

星和書店メールマガジンを
(http://www.seiwa-pb.co.jp/magazine/)
配信してもよろしいでしょうか　　　　　　　（ a. 良い　　　b. 良くない ）

図書目録をお送りしても
よろしいでしょうか　　　　　　　　　　　　（ a. 良い　　　b. 良くない ）

傷口に塩をぬるような思いをすることもあるかもしれません。また，ピアスタッフと名乗ったが故の非対等性を味わうこともあるでしょう。しかし，日々悩みながら，葛藤しながらでもあきらめずに日々の仕事をし，人との関係を紡いでいくうちに，その人への愛情が芽生えて育っていく……。ピアスタッフとはそういう場面に多々めぐりあう仕事であり，それが今の私にとっては仕事をする上での原動力となっているように思います。

●●● 第3章　ピアスタッフになること：その仕事と役割

ピアスタッフに求められる
コミュニケーションスキル

彼谷哲志
特定非営利活動法人あすなろ

　本稿では，ピアスタッフが仕事をするうえで，コミュニケーションスキルが大切であること，経験を伝えるうえで意識しておきたいことについて述べます。

　私は，コミュニケーションの専門家ではありませんが，相談支援事業所の相談員として日々言葉を使います。公私ともに病気のことを開示するかどうか，相手や状況によって自分で選んでいます。自分と相手の経験を大事にしたやり取りを心がけたいと思っています。なお，紹介しているエピソードは個人が特定されないように複数の例を混ぜて改変しています。記載した名前はすべて仮名です。

● ピアサポートにコミュニケーションが必要な理由

　「私もあなたと同じ当事者です」。このように自分から告白したり，告白された経験があると思います。「ここにも仲間がいる！」と嬉しく感じるかもしれません。仲間に出会うことで肯定的な感情を抱きやすいといわれています。

　しかし，いつも肯定的な感情を抱くでしょうか。もしかしたら，「作業所に通う私と違ってあなたは働いているのに……」「元気なあなたと違って私はずっとしんどいのに……」と，同じように見られることへの

第3章　ピアスタッフになること：その仕事と役割　105

違和感や抵抗感を抱くかもしれません。私の経験では違和感や抵抗感を感じることも，肯定的な感情を抱くことも，どちらもあります。

　ピアサポートの研究者である平井秀幸氏は「近年のピア・サポートをめぐる研究では，「当事者は“当事者同士である”というだけでただちにピアサポートの与え手／受け手となるわけではないことが明らかになりつつある」と指摘しています[1]。語り，聴くことによる感情面へのサポートの蓄積があり，「同質性への共感や異質性への信頼といった経験や認識」が育まれると述べています。ピアスタッフとサポートする相手との信頼関係は，当事者だからという理由だけでは不十分で，コミュニケーションを通じてできることです。

ピアスタッフとコミュニケーションスキルの関係

　コミュニケーションスキルを学ぶと当事者らしさ・よさが失われる，という意見を耳にすることがあります。当事者が型にはめられて当事者らしさがなくなるという意味合いです。また，当事者らしいコミュニケーションを学びたいと思う人もいます。

　私の人生経験から，人柄や雰囲気のほうが，スキルよりもはるかに人に与える影響が大きいと感じています。しかし，人柄や雰囲気を身につけるのが簡単ではないことも知っており，よさそうなものを真似て，形から入るしかないと思っています。つまり，スキルを学ぶことは自分の理想とする人柄や雰囲気に近づく一歩です。

コミュニケーションスキルをどこで学ぶか

　一般論ですが，書籍を読んだり，研修に参加する方法があります。ピアスタッフ向けの研修がまだ少ないため，他の支援職の研修に参加してスキルを学ぶことも選択肢の一つです。たとえば，各都道府県の精神保

健福祉士協会が開催する研修は，精神保健福祉士でなくても受講できる
ものもあります。ネットや知り合いの専門職から情報を入手してくださ
い。

　また，支援に限定されないような一般的なスキルを学びたい場合，市
民センターなどでコミュニケーション講座が開催されていることがあり
ます。価格も比較的廉価です。

　経験によるコミュニケーションを学ぶなら，ピア・カウンセリングや
意図的なピアサポート（Intentional Peer Support）のワークショップ
に参加する方法もあります。

経験によるコミュニケーション

1．その人の言葉を使う

　私は，サポートする相手に対して，精神医学の用語（統合失調症，双
極性障害のような病名や幻聴，幻覚，妄想，躁状態，抑うつなどの症状
を表現する言葉）を使うことに慎重になるべきだと考えています。医学
的な現実を否定するつもりはありませんが，"ラベルを貼られること"
に否定的な感情を抱きやすいからです。

　先日，私は数年ぶりに精神的な不調になり，心配事で頭が一杯だった
かと思えば，一転して饒舌にしゃべり続けていました。その様子を見た
家族が「多弁」と表現したことで私は怒り爆発。ショックを受けた引き
金があって，必死で精神的な安定を保つために努力しているのに，「多
弁」と一括りにされると，自分の苦しみが理解されていないように感じ
ました。「テンションが高くない？」だったら受け止められたかもしれ
ません。

　私が関わっている人で「天の声」という言葉を使う人がいました。い
わゆる幻聴という言葉も口にしますが，「天の声」をより頻繁に口に出
します。それで，私も「今日の天の声は先週と違いますね」などと返し

ていました。ある時「幻聴」と「天の声」の比率が逆転し，私も幻聴を使うようになりましたが，最初から私が「幻聴」という医学用語を使っていれば，話をきちんと聴けなかったと思います。

人がその言葉を使うからには何か意味があるはずです。相手の世界観に沿うために，相手の言葉から入る作業は大事だと思います。

余談ですが，私は「いわゆる幻聴」や「世間から見て躁状態」のようにラベルを貼った感じがやわらかくなるような言い回しを使うことが癖です。言い訳している感じがしており，他によい言い回しがないか探しています。

2. 経験の権威化

専門家が自分たちの知識や地位を利用して有利な立場に立つことを権威化と呼ぶそうです。向谷地生良氏は「経験の権威化」を見出し，社会学者の伊藤智樹氏は「経験が邪魔をして，傾聴を妨げている」現象を明らかにしています[2,3]。たとえば，次のような例です。

ピアスタッフが，利用者と不眠の対処法について話していました。利用者が自分の対処のアイデアを出したところ，ピアスタッフが自分が実践している対処のほうが効果があると思うと言い，次々と自分の対処法を出していくのです。

これでは，ピアスタッフの経験が邪魔をして，利用者自身が工夫を考える機会を奪っています。私はこのパターンに陥りやすいことが悩みです。自らの経験があることで答えが予測できるかのような錯覚に陥ります。

ピアスタッフが経験の権威化を防ぐために，相互性を大事にした学びやお互いを尊重した関係が鍵になると考えています。意図的なピアサポートやアサーティブネス（自他を尊重した自己表現）のワークショップが役立ちそうです。

経験の伝え方パターン：共通言語の必要性

　コミュニケーションの書籍には，よい聴き方・悪い聴き方の例が載っていて，読み手の参考になり便利です。経験の伝え方のパターンがたくさん集まれば，他のピアスタッフが参考にしたり議論できると考えています。ここでは，私自身の伝え方と見聞きした伝え方を，いくつかのパターンにまとめました。なお，以下の個人名は仮名で，兵庫県内の駅名を用いています（Aさん，Bさん……を用いるのは人がそこにいない感じがするので，仮名を保ちつつも固有名詞の感覚を出してみました）。

1. 先行く先輩パターン

　　垂水さんは子育て中で家を新築したばかりで，病気で退職。今後，働けるだろうかと心配です。ピアスタッフの長田さんはこんな話をしました。「自分もかつて入院してしばらく療養したが，異業種に転職して生計は立てられている。働き方は変わるかもしれないけれど，社会人経験があると強いですよ」。垂水さんは「周りは働いていない人ばかりなので，病気になると働けないのかと不安になっていました。少し楽になりました」と言いました。

　"自分はあなたの先行く先輩，つまりロールモデルですよ"という伝え方です。例では，垂水さんが先行く先輩を感じられたのは，目指したい自分像とピアスタッフの姿が一致しているからです。垂水さんが期待していないロールモデルを示しても心には響かないでしょう。うまく響くと効果が絶大ですが，ズレると否定的な感情が湧きあがるリスクがあります。

2. 経験による説得パターン

　　患者の仁川さんが薬を飲みたくないと話していて，最近トラブル

が多いようです。ピアスタッフの園田さんが「薬を飲んだほうがいいですよ。私も昔は薬は不要と捨てていましたが，飲んでいれば入退院を繰り返さずにすんでましたよ」。仁川さんは「あなたはそうかもしれないけれど，私は薬を飲まなくてもおかしくならないですよ」と反論しました。

　目的があって経験を伝えることは正論で，説得する行為と似ています。そのような経験の伝え方は聞き手が反論しにくく責められていると感じます。そして，相手の未来を自分の過去と重ねる必要もないでしょう。仁川さんの場合は，まず薬を飲みたくない理由を尋ねたほうが話が広がりそうです。

3．経験の皮をかぶった俗説パターン

　　利用者の住吉さんが「薬の副作用が心配で……。でも，薬をちゃんと飲みなさいよと言われてね」と話しました。ピアスタッフの大石さんが「心配はわかるけど，死ぬまで薬を飲まないとダメだよ」と返しました。「大石さんのようなベテランの当事者が言うなら飲んだほうがいいのかな」と住吉さんは言いました。

　科学的に根拠があるわけでもない俗説に，大石さんはベテランの当事者であるという経験の権威化が拍車をかけて，住吉さんが信じてしまいました。伝える内容が，経験なのか，科学的に根拠があるのか，ただの俗説なのか，区別しながら話すことは難しいと感じていますが，それでも個人的な経験か伝聞かは区別して伝えたいものです。

4．生の事実は劇薬パターン

　　ピアスタッフの岩屋さんのところに，通院しはじめて間もない名谷さんが相談に来ました。ある時，岩屋さんが「僕も薬を昔から飲

んでいてね」と話したところ，名谷さんが「何年薬を飲んでいるのですか？」と聞くと，岩屋さんは「17年飲んでいる」と答えました。名谷さんはこう言いました。「17年も飲んでも治らないんですね……」。

　病気とのつきあいが浅い名谷さんからみて，長い病歴がどのように見えるかを考えていなかった例です。このやり取りの場合は，質問の意図を確認することが大事で，「何年薬を飲んでいるのですか？」という質問に対して，そのまま答えるのではなく，「どうしてですか」とか，「気になりますか？」と返してもよさそうです。最初から服薬していることを伝えないという選択肢もありそうです。

まとめ

　当事者同士だから信頼関係が生まれるとは限りませんし，当事者の経験がいつも好意的に相手に伝わるとは限りません。経験を伝えるやり方がうまくいかなければ信頼されないでしょう。人と人とのやり取りはコミュニケーションを通じて可能です。ピアスタッフがコミュニケーションスキルを磨くことで，自分と相手の経験が活かされます。

文　　献

1 ）平井秀幸：いかにして「当事者」は「仲間（ピア）」になるのか？：少年院における「矯正教育プログラム（薬物非行）の質的分析」．四天王寺大学紀要，第60号，2015.
2 ）向谷地生良：技法以前．日本評論社，東京，2009.
3 ）伊藤智樹：ピア・サポートの社会学．晃洋書房，京都，2013.

●●●● 第3章　ピアスタッフになること：その仕事と役割

ピアスタッフとして働き続けるコツ

加藤伸輔

ピアサポートグループ在

これまでの私の道筋

　私のこれまで道筋（表1）を眺めながら，ピアスタッフとして働き続けるコツを考えてみます。

表1　筆者のこれまでの道筋

2011年3月	生活保護の受給を開始
6月	NTT東日本関東病院へ転院。双極性障がいと診断される
2012年	体調管理に専念
2013年3月	横浜市総合保健医療センター精神科デイケアへ通所開始
8月	リカバリー全国フォーラムに参加し，希望を感じる
2014年1月	ピアサポート専門員養成研修を受講
4月	WRAPファシリテーター養成研修を受講
9月	学習塾で講師のアルバイトをはじめる。働くことのリハビリを開始（週3日，1日3時間）
10月	ピアサポートグループ在（ざい）の立ち上げ
2015年4月	ピアミーティングのファシリテーターとして，活動開始
7月	横浜市総合保健医療センター精神科デイケア利用終了
10月	訪問看護ステーションにて勤務開始（週3日，1日8時間）。非常勤職員として事務（数回，同行訪問）を担当
12月	学習塾を退職
2016年2月	収入増による生活保護の廃止
3月	訪問看護ステーションを退職
4月	ピアミーティングのファシリテーターとして複数の事業所で活動開始
4月	グループホーム世話人として勤務開始（常勤職員）
2017年5月	就労継続支援A型事業所にて勤務開始（常勤職員，配置転換により）
12月	就労継続支援A型事業所を退職

| 2018 年 1 月 | 今後の活動の仕方を模索する |
| 5 月 | 生活支援センター西にて勤務開始（非常勤職員）。フリーのピアスタッフの仕事と並行。現在に至る |

　振り返ってみると，私が働き続けることができている要因として，「健康」「サポート」「環境」「働く意義の再考」という 4 つが見えてきました。

健康

　クライシス状態だった 2012 年頃から，初めてピアサポーターとして活動を始める 2015 年 4 月までに約 3 年かかりました。その間は，心身ともに健康になるにはどうしたらよいかを試行錯誤することが，私にとって生活の中心でした。

　生活リズムの安定や社会性を取り戻すためにデイケアへ通所したり，健康を維持しながら働くことができるかを試すために塾講師のアルバイトをしたり，私は時間をかけて調整していきました。この時間があったからこそ，後々，常勤職員として勤務できるくらい自身の安定を保てるようになったのだと思います。

　たとえば，生活リズムチェック表を用いて自分の状態を見える化することが役立ちました。正直，この作業はとても面倒で時々さぼってしまうこともありますが，主体的に健康を維持しようという意識を私に芽生えさせてくれました。

　また，かすかな注意サインに意識を向けることが，大きく調子を崩すことを防ぐのに役立ちました。私の場合，調子を崩すサインとしてイライラが現れるのですが，それが躁とうつどちらへ向かうサインなのかわからずにいました。しかし，自分をよく観察することによって，内側へ向かうものはうつのサイン，外側に向かうものは躁のサインだと気づき，私はそれぞれに適した対応プランを考えられるようになりました。

自分の取り扱い方を身につけることが，健康でいるためには欠かせないと実感しています。

　人とのつながりも大切です。ピアミーティングや WRAP のワークショップをはじめ，いろいろなイベントで出会った友人のおかげで，私は笑顔でいられる時間が多くなりました。笑う門には福来たる。私にとって，笑顔でいることは健康の秘訣です。

　健康でいるためにはお金も必要です。障害福祉サービス事業所等におけるピアサポート活動状況調査[1] によると，ピアサポート活動従事者（ピアスタッフ）のうち，正職員として働いている人は，「0 人」（いない）が65.0％と最も多く，全体の半数以上とのことです。現在，ピアスタッフとして働いている人の多くは，非常勤職員としての勤務が多く，収入も不安定だと推察されます。

　お金があるということがどれだけ自身の安定につながるかを，身をもって感じています。時として，お金は薬以上に効果があるといっても過言ではありません。もし可能なら，障害年金の受給をお勧めします。私は YORISOU 社会保険労務士法人の松山純子先生にお世話になりました。

　松山先生は障害年金を受けながら働くことについて「社会とのつながりは人を元気にしてくれると思っています。無理なく自分の体調にあった働き方ができるといいですね。"障害年金を受給しながら働く"も選択肢の1つだと思います」とおっしゃっています。その言葉は私をとても勇気づけてくれています。

　働くためには健康でいることが大切です。同時に，働くことで健康を保つことができていると，私は感じています。

サポート

　グループ活動は主観的幸福と深く関わっており，抑うつや不安を和ら

げてくれると聞いたことがあります。ピアサポートグループ在のピアミーティングや WRAP のワークショップの場によって，私は「いい感じの自分」を保つことができていると実感しています。病気のあるなしに関係なく，自分が心地よく過ごせる場をもっているのは大切です。

　私がグループホームで勤務していたときは，在のメンバーでもある宮本さんと一緒に働いていました。仕事における心配事や不安を彼女に話すことができたおかげで，私はモチベーションを保ちながら，働き続けることができました。ピアスタッフ同士のピアサポートができていたといえます。

　ピアスタッフが職場に 1 人しかいないと，ピアスタッフだからこそ湧き上がる葛藤や不安を解消できず，働き続けることが難しくなってしまう恐れがあります。ピアサポートグループ在では，2018 年 4 月から不定期ですが，横浜で「ピアスタッフミーティング」を行い，ピアスタッフがいい感じで働き続けられるようサポートしています。ピアスタッフ，ピアスタッフと協働している人々が集い，職場や立場を越えて，ピアスタッフとして働くうえでの悩みや不安を分かち合ったり，知識を共有したりできる場になっています。

　千葉県船橋市では，2018 年 5 月からピアスタッフネットワーク主催の「ピアガーデン」が行われています。ピアスタッフが集い，日ごろの悩みや工夫を語り合い，情報交換をする，ピアスタッフ同士による支え合い（ピアサポート）の場で，ピアスタッフの孤立防止や育成，活躍の応援を第一目的としているとのことです。

　たとえ即座に問題が解決しなくとも，サポーターがいてくれること自体が，どれだけ安心感をもたらしてくれるか，肌身をもって感じています。

環境

ピアスタッフが働き続けるためには，自身の取り組みだけでは限界があります。職場の環境も大きく影響します。

その一つに，職場でのコミュニケーションが挙げられます。コミュニケーションが良好だと，雰囲気もよくなり働きやすくなります。仕事が円滑に進み，困ったときにもサポートし合えるようになります。

WRAPや当事者研究を共通基盤にしてコミュニケーションをとっている事業所もあるそうです。障がいのあるなしに関わらず，困りごとを共有できるというのは安心感に繋がります。安心感がベースにあることによって，職員は居心地のよさや愛着を感じることができ，長く働き続けることができるのではないでしょうか。

現在わたしが勤務する横浜市の生活支援センター西では，朝と夜のミーティングに時間をかけて職員各々の気持ちを共有しています。ピアスタッフであるか否かに関わらず職員は決して聖人君子ではありません。仕事をしている中で葛藤や悩みを抱えるのは当然です。その思いを共有することで，みんなが安心して働くことができる環境になっています。

また，上司や同僚は私をピアスタッフとしてではなく，加藤伸輔という一個人として接してくれていると，私は感じています。このような環境だからこそ，私はいい感じで働き続けることができています。みなさんにはとても感謝しています。

働く意義の再考

2017年12月のA型事業所の退職をきっかけに，なぜ自分は働きたいと思うのかということについて改めて考えました。

幸福学の第一人者である前野隆司さんは，人を幸せにする因子として，次の4つを挙げています。

「①夢や目標や強みを持ち，②つながりや感謝や利他性を大事にし，③前向きかつ楽観的で，④自分らしく生きている」[2]

このことを，いまの自分に重ねてみると，

「①病気の体験を生かし，②人とのご縁や仲間のサポートに感謝したり，自分の発信を感謝してもらえたりする中で，③必要以上に自分自身を病気の枠に当てはめず，いまの自分を受け入れながら，④大切な人たちと一緒に笑顔で暮らしていきたい」

いまの私にとって，働くことは幸せにつながっています。

「健康」「サポート」「環境」「働く意義の再考」という４つの要因を，WRAPにおけるリカバリーに大切な５つのキーコンセプト「希望の感覚」「自分が主体となること」「学ぶこと」「自分のために権利擁護すること」「サポート」に照らし合わせてみると，次のようにいえます。

・健康を維持できるよう主体的に学ぶことで，継続して働くことができる
・不安や辛いことがあってもサポートし合うことで励まされ，働くモチベーションを保つことができる
・自分を大切にしてあげられる環境に身を置くことで，安心して働くことができる
・幸せでいることが自分にとっての希望であり，その手段の一つが働くことだと気づく

働きながら，私はリカバリーしています。

障がいがあるからこそ気をつけておきたいことはあります。しかし病気があってもなくても，働き続けるコツの本質は同じなのではないでしょうか。

あなたはなぜ働くのでしょう。改めて考える時間を持ってみるのもよいかもしれませんね。

文　　献

1）みずほ情報総研：障害福祉サービス事業所等におけるピアサポート活動状況調査．平成 27 年度障害者支援状況等調査研究事業報告書．3：19，2016．
2）前野隆司：実践・脳を活かす幸福学：無意識の力を伸ばす 8 つの講義．講談社，東京，p.220，2017．

●●● 第3章　ピアスタッフになること：その仕事と役割

ピアスタッフとして働くために必要な
知識とスキル（研修）

岩崎　香
早稲田大学　人間科学部

はじめに

　私は2015年度から「障害者ピアサポートの専門性を高めるための研修に関する研究」（厚生労働科学研究費補助金［障害者政策総合研究事業］）の研究代表者として，ピアスタッフとして働くために必要な知識やスキルをどう研修に盛り込むのかという課題に取り組んできました。その研究においては，精神障害，身体障害，知的障害，難病，高次脳機能障害の当事者及び専門職，研究者等に協力を依頼し，ピアサポートの養成制度やプログラムに関する検討を実施しながら，障害領域に共通してピアサポートの専門性を活かして働くために必要な内容を抽出し，基礎研修プログラム案を作成しています。さらに基礎研修の上に積み上げられる専門研修やフォローアップのための研修に関しても精神障害者を主たる対象として構成しており，最終的には研修を担うファシリテーターの養成プログラムの構築に行きつけば……と考えています。

障害領域を横断する基礎研修の内容

　前述した研究経過の中で，多様な障害領域におけるピアサポートの歴

史と取り組みの現状が報告され，それぞれの領域で固有な活動として取り組んできたことのなかに，他の障害領域にも共通するニーズや課題が多く存在することに気づくこととなりました。自助グループ，患者会，自立生活運動，当事者会など，活動の基盤となってきたものに違いはありますが，仲間どうしの交流から出発し，抱える生活上の困難から一歩抜きん出た人たちが，今はまだ困難を抱えている人たちに何らかのサポートを行っている現状が共有されました。そして，この研修における「ピアサポートとは何か」という議論のなかで，「障害を持つことにより経験してきたことを強みとして，有償で働いている，あるいは働きたいと考える人」を対象として，その専門性を高めることを目的とした研修プログラムの構築をめざしているのです。

　「障害者の権利に関する条約」が 2014 年に日本でも批准されましたが，条約の中に示されている「社会モデル」の考え方を共通の認識として研修のなかに取り入れることも確認されました。また，それぞれの障害領域で行われているピアサポート活動について，その実例を紹介し，多様な障害領域における実践を学んでもらうこととしました。実際の研修においては，実際に有償で活動している複数のピアサポーターがその経験を参加者に伝えるシンポジウム形式を採用しました。

　また，実際にピアサポートを行うためにはコミュニケーション能力が求められますが，それは対人サービスに携わる人たちが共通に学ぶべき内容として含みました。さらに，フィールドとなる福祉サービス事業所等で必要とされる知識，ケアマネジメントの仕組みや業務の実際を含めました。最後にピアサポートの専門性とは何かということを盛り込んだのですが，他の専門職種との違いに関して議論し，ピアサポーターの専門性は「病気や障害を経験してきたことを強みとして活かすこと」であり，「経験を活かし，ピアが自分の人生を取り戻す（リカバリーする）ことを支援する」ことが重要な役割であることを確認したわけです。ピアサポーターはサービス提供機関の中では，多職種と連携・協働しなが

ら支援していくことになります。そこで，お互いの専門性を意識することで，それぞれの実践がより磨かれ，専門職が得意とする領域と，ピアサポーター独自の領域が合わさって，新たな支援が展開されるのです。

ピアサポートの専門性のなかには，他の専門職と同様に倫理や守秘義務を含みます。ただし，緊急性のある時は例外であることや，サービス利用者との距離感が近くなりがちなことから，相談されたことをひとりで抱え込むことがないようにすることなどは押さえておく必要があります。

精神障害領域における専門研修の内容

基礎研修を修了した人を対象として，専門研修プログラムについても研究の一環として取り組んでいます。基礎研修で学んだことを振り返り，自分たちの専門性をどう活かすのかということをリカバリーストーリーを聞くこと，語ることを通して学びます。また，基礎研修よりもさらに深く，精神保健福祉医療サービスの仕組みと業務の実際についても学びます。精神障害者支援においては，地域の福祉サービスだけではなく，保健，医療に関する知識も必要とされるからです。

これまでは支援を受けるという立場だったと思うのですが，支援者として働くには相応のスキルが求められます。特に個別支援を行ううえでの基本的な技術が求められることから，演習では模擬的な事例を用い，ストレングス視点を活用しながら，ニーズアセスメントにチャレンジしてもらったりしています。また，労働者として働くうえで必要とされる，労働法規に関する知識や，支援者として働くうえで理解しておくべき倫理規範なども身につけておくべきことに含まれます。そして，ピアサポートの専門性を活かして働くことになった時にぶつかる二重関係（バウンダリー），利用者を同じ当事者として尊重し，その権利を保障しようとするアドボカシー機能，さらにサービス利用者の自殺や自殺企図

への対応など，葛藤の解決やセルフケアなど，ピアサポーターがスタッフとして働くうえで抱えやすい悩みについても理解が必要です。演習では，病気や障害をもちながら働くうえでのリスクやセルフマネジメントの方法など，長く働き続けるために乗り越えなければならない課題について共有しながら学びます。

　最後に，現在，地域の福祉サービス事業所では多様な職員が働いています。また，医療機関や他の事業所，専門機関等との連携も欠かすことができません。他の職種への理解を高めるとともに，多様なチームで協働する際に自分たちの専門性を活かしながら，どう業務を展開していけばよいのかを一緒に考えています。

研修で得られるものとそうではないもの

　ここまで，基礎研修及び専門研修に盛り込む内容を挙げてきました。参加した皆さんは，研修が修了したことでホッとされたり，達成感を得られる人もいます。病気や障害によって苦しんだり，悲しんだりしてきたことを強みに変えて，かつての自分のように困難を抱えている人たちの力になりたいと参加した多くの人が考えていると思います。

　しかし，研修を終えたことだけで何かができるようになるのかというとそうではありません。私がかかわっている事業所で新たにピアスタッフとなった人がいます。その人は自分が利用していた事業所で職員として採用されたので，これまでの利用者という立ち位置から職員という立ち位置への変化のなかで，友人だった利用者との関係性の変化や周囲から自分に求められる役割の変化に戸惑っていると話してくれました。それは当然のことで，同じ職場にピアスタッフが1名で配置されている場合などは，役割葛藤や二重関係に悩むことが多く，その事情も働く事業所の環境によって大きく変わってきます。研修ではあくまでも標準的な事柄を学びますから，それぞれのピアスタッフが雇用されている場所に

よっても職員として抱える困難は異なります。精神科病院に長期入院している人たちの退院を支援するピアサポーターや地域で生活する人たちの相談相手として，あるいは通所サービスやグループホームにおけるピアスタッフの雇用も広がりつつありますが，専門職で構成された組織におけるピアサポートの位置付けや雇用体制，人材育成等の具体的な課題は整っているとは言い難い状況にあるのも実情なのです。

　私たちが実施している研修では，職員の人にも一緒に参加してもらい，ピアスタッフへの理解やピアスタッフと一緒に働くうえで，専門職に必要な知識やスキルを高めてもらっています。どんなにピアスタッフが知識やスキルを高めても，一緒に働く人たちとの相互理解がないと働き続けることが難しいからです。残念ながら，専門職といわれる人たちのなかにも障害のある人が職員として働くことに抵抗を感じる人もいます。障害のある人と一緒に働くことで提供すべき合理的配慮をどこまで提供することが適切なのかは，今現在明確な指標があるわけでもなく，労働者としての権利だけを主張されても困るという意見があるのも事実です。研修では，対等の立場で参加してもらっていますので，演習などでのディスカッションを通じて，ピアスタッフの専門性を活かすために自分たちができることは何かということを考えてもらえればと思っています。

● おわりに

　ピアスタッフとして働くこと，あるいはピアスタッフを雇用することが，今はまだ医療や福祉の現場では少し特別なことのように思われています。しかし，医療福祉現場における人材の不足は深刻化していますし，特に福祉現場では，何の資格も経験もない職員も重要な労働力として雇用されてきています。そうした人たちや，ピアスタッフを育てていくという仕組みなくして，事業が成り立っていかない時代を迎えつつあ

ります。反面，求められるサービスの質の向上という課題といかに向き合うのか……，その答えは容易には出すことができません。

　しかし，ピアサポートの有効性を高めることを目的とした研修の構築という研究に携わって思うのは，研修プログラムで得た知識やスキルを実際に現場でどう活かすことができたのか，あるいは活かすことができない原因は何かということを明らかにする必要があるのではないかということです。そして，研修と現場での実践のよい循環が生み出せればと思います。ピアスタッフの活躍が医療や福祉の現場で当たり前のことになるよう，私にできることをこれからも実践していきたいと思っています。

第4章 ピアスタッフを雇用して活用するには

●●● 第4章　ピアスタッフを雇用して活用するには

ピアスタッフの雇用の現状

松本衣美
東京大学大学院　精神保健学分野

はじめに

　精神障害者福祉領域において，ピアサポートの重要性が認知されてきています。当事者としての視点から，精神保健福祉サービスの利用者を支えるという支援の可能性が注目を浴び，今後ますます活躍の場が増えることが予想されます。しかし，実際のところピアスタッフ／ピアサポーター（以下，ピアスタッフで統一）の雇用はどのようになっているのでしょうか？

　本稿では，現在のピアスタッフの雇用の現状について，皆さんと一緒に見ていきたいと思います。

これまで行われている，ピアスタッフ雇用に関する調査

　残念ながら2018年の時点で，ピアスタッフがどのくらい働いているか，どのように働いているかについての全国的な調査は行われていません。そのなかで，今回は2013年，2016年に行われた調査のデータを基に，ピアスタッフの雇用がどのようになっているのかを見ていきたいと思います。

2013 年の調査については，聖学院大学の相川章子氏が結果を出しています[1]。この調査は，2012 年に行われた「第 1 回全国ピアスタッフの集い」に参加したピアスタッフ 63 名を対象にしています（回答率 90％以上）。回答者の属性は，男性が多く（男性 67.8％，女性 28.8％，欠損値 3.4％），年齢は 40 歳代が多く，診断名は統合失調症，双極性障害が多いという結果になっていました。ピアスタッフの意義として，利用者の安心感や安堵感，体験の共有による支援者，被支援者の距離が縮まるといったものが挙げられる一方で，課題としては，非常勤雇用が多く，雇用当初に仕事内容の提案や契約がない，給与報酬や保険制度の整備が不十分であり，不安定な雇用が多いこと，成長の機会であるピアスタッフの研修やスーパービジョンの機会が不十分であることなどが指摘されていました。また，それ以上に体調面での不安も多く挙げられていました。

　2016 年には，早稲田大学の岩崎香氏が研究代表者となり，厚生労働省科学研究費補助金（障害者政策総合研究事業）で行われた調査があります。これは，平成 25 年度〜平成 28 年度までの日本メンタルヘルスピアサポート専門員養成研修の受講者 237 名を対象としています。

　調査の参加者は 131 名（回収率 59.0％），男性・女性ともに約半数（男性 55％，女性 44.3％）で，年代では 30 〜 50 歳代が 9 割以上，主診断名としては統合失調症の人が約半数となっていました。

　就労状況として，一般就労経験がある人が多く（125 人，97％），ピアスタッフの研修を受けた人の多くが一般の就労経験を経ているという結果になりました。また，73％の人がピアスタッフ，ピアサポーターとしての勤務経験を持ち，その際の雇用形態としては，福祉関連の事業所で雇用契約を結んでいる人が最も多く（62 人，67％），次いで謝金・有償ボランティアとして働いている人，雇用契約を結んで医療機関で働いている人の順で多くなっていました。

　この調査のまとめのなかでは，専門職のなかで働くピアスタッフの位

置づけ，雇用体制や人材育成の点で課題があり，ピアスタッフの待遇，質の担保や労働環境の整備について各事業所に任されていることが指摘されています。

　この2つの調査結果は，調査を行った対象者が異なっており，単純に比較することはできません。しかし，ピアスタッフ雇用の現状と課題として，待遇を含めた労働環境の未整備，またピアスタッフとして成長するための制度が未整備であるという点では共通しているように思います。

ピアスタッフが成長するための制度，労働環境

　ピアスタッフとして成長していく環境として，研修システムがあります。雇用前，あるいは雇用後など，ピアスタッフとしての研修を受けたいということであれば，自治体が任意で行っていたり，あるいは一般社団法人日本メンタルヘルスピアサポート専門員研修機構が提供するピアサポート専門員研修などがあります。しかし，ピアスタッフになるためにこれらの研修が必須というわけではなく，ピアスタッフになりたい人たちが自らの意志で受ける，という色合いが強くなっています。そのため，研修を受けずにピアスタッフとして就労している人もいます。

　また，雇用後のピアスタッフへのサポート体制として，スーパーバイズが挙げられますが（第6章の「ピアスタッフの課題と支援体制」（西村聡彦）を参照），日本ではこの体制を整えるかどうかも各事業所に任されているのが実情です。

　先ほどの調査結果でもあったように，ピアスタッフをどのように迎えるかという労働環境の整備は各事業体に任されています。なかには，自治体で行われている研修やピアサポート専門員養成研修に設けられた雇用側の参加枠に参加し，事前にピアスタッフ雇用に向けて備える事業所もありますが，こちらも特に強制ではありません。現時点では，ピアス

タッフの給料や立場も含めてどのような環境を雇用側が作っていくかなど，ピアスタッフを雇用する体制について指針のようなものはなく，各事業所が独自に手探りで進めている状況です。そのため，雇用されたピアスタッフにとっても，雇用側がどのような仕組みを作ってピアスタッフを迎えてくれるかは未知数であり，雇用された後に，"待遇が思っていたのとは違った"という事態が生じるという声も聞かれます。

　ピアが働く文化がいち早く根付き，労働環境，サポート体制を整えた米国，英国に比べ（第2章「米国におけるピアスペシャリストとは」（相川章子），「英国におけるピアスタッフの働き方」（佐々木理恵）を参照），日本でのピアスタッフが働くための土壌はまだまだ改善の余地がありそうです。

ピアスタッフを雇用する事業所はどのような体験をするのか

　労働環境のなかでも重要なものとして，職場での人間関係が挙げられます。職場においてピアスタッフは1人の場合が多く，入職する際はもともと職場にいた専門職スタッフとの関係が，ピアスタッフの働き方に大きく影響します。

　今までの米国，英国で行われている研究では，ピアスタッフが入職する際，ピアスタッフ以外のスタッフのリカバリーに対するネガティブな態度，専門職スタッフとの役割の衝突と混乱など，ピアスタッフ側から見た雇用の課題を明らかにしたものが多く見られました[3]。では，ピアスタッフと共に働くことになる専門職スタッフ側にはどのようなことが起こっているのでしょうか。

　筆者は初めてピアスタッフが働く施設で，迎え入れる側の専門職スタッフに対して聞き取りによる調査を行いました[4]。この研究で初めてピアスタッフを迎え入れるうえで，現場の専門職スタッフが，様々な葛藤を抱きながらピアスタッフと共に働いていく姿が描かれました。

この葛藤の内容としては，組織の意志決定者によってピアスタッフ雇用が決まった後，現場の専門職スタッフはピアスタッフを「支援するべき相手」ではなく，職員として見ることができるのか否か，また今までの自分の持ち得た専門性とは異なるピアスタッフの持つ専門性が自分たちの実践に入ってくることに対する期待と恐れを抱きます。また，今まで就労経験がないピアスタッフが入職した場合，まずは働き方について協議していくこととなり，この場合，ピアスタッフを「支援するべき人」として捉えてしまうという葛藤が持続することに繋がります。今回の研究結果では示されていませんが，この葛藤が解消される方策がとられない場合を考えると，専門職スタッフとピアスタッフ相互の関係悪化につながり，ピアスタッフにとって働きにくい職場となるかもしれません。

　これは一研究の結果を示したものではありますが，初めてピアスタッフを雇用する際，もともと働いていた専門職に多かれ少なかれ同様の葛藤が生じる可能性はあるのではないでしょうか。今後，雇用側の雇用制度を整えていくためには，雇用側がどのようなことで戸惑いを持ち，事前準備はどのようなことをすればよいのか，知見を積み上げていく必要があると考えます。

おわりに

　現時点では，ピアスタッフが雇用された後にその雇用を継続できているのかの調査は行われていませんが，現場の人の声を聴くと，ピアスタッフのなかで離職する人が一定数いることは確かなようです。

　ピアスタッフとしての学びを深められるような研修，サポートの充実や労働環境の整備に加え，もともとその事業所で働いていた専門職スタッフがピアスタッフが来ることでどのような葛藤を抱くことになるのかを理解し，改善するような方法が，今後のピアスタッフ雇用の促進，あ

るいは離職の歯止めの一助になるのではないかと思います。

　障害者総合支援法の見直しではピアサポートの重要性が強調され，そのために支援の質の確保と人材育成のための研修を行う必要があることが明示されています。それを受けて2016年からは，厚生労働省の科学研究費助成事業による精神障害，身体障害，知的障害，難病，高次脳機能障害を対象としたピアサポート専門員養成研修が行われ，基礎研修，専門医研修の二段階に分かれたピアサポート研修が行われました。これは病の経験を持つピアの能力が，今後様々な分野で期待されていることを表しており，このような追い風を受けて，これからますますピアサポート活動が広がることが示唆されています。

　しかし，積年の課題であるピアスタッフ成長のための課題，労働環境を整える課題については未だ解決したとはいえません。これらの課題を共有しながらどのような方策を行うのか，ピアスタッフ，専門職スタッフのみならず，組織側の取り組みを考えていく必要があると考えます。

文　　献

1 ） 相川章子：ピアスタッフの活動に関する調査報告書．2013．https://psilocybe.co.jp/wp-content/uploads/peer2012.pdf
2 ） 岩崎香：障害者ピアサポートの専門性を高める研修に関する研究．2017．http://mhlw-grants.niph.go.jp/niph/search/NIDD02.do?resrchNum=201616008A
3 ） Gates, L.B., Akabas, S.H.: Developing strategies to integrate peer providers into the staff of mental health agencie. Abmin. Pol. Ment. Health, 34（3）; 293-306, 2007.
4 ） 松本衣美：初めてピアスタッフを雇用することになった精神医療福祉施設は，ピアスタッフ雇用が決定した後どのような体験をするのか．東京大学大学院医学系研究科公共健康医学専攻 2017 年度修士論文，2018.

●●● 第4章　ピアスタッフを雇用して活用するには

雇用する側の心得

斉藤　剛
特定非営利活動法人レジスト

はじめに

　どうすればピアスタッフがやりがいを持ち，長く働き続けられるか。この問いはピアスタッフを雇用しているどの職場においても重要な命題だと思います。本稿のテーマは「雇用する側の心得」ですが，"この答えが出せたら，世のピアスタッフ雇用はもとより，障害者雇用の課題全般はとっくに解決しているのだろう"などと自分自身に言い訳をしながらも，日頃の雇用場面を整理するような感覚で述べていきたい思います。

ピアスタッフの実際：NPO法人レジストの紹介

　私自身は一ワーカーであるともに，8名のピアスタッフの雇用主（2018年現在）です。手前味噌になりますが，私の職場のピアスタッフの実情も紹介したいと思います。

　私が代表を務めるNPO法人レジスト（神奈川県川崎市，以下レジスト）では，現在，就労継続支援B型のレジネスをはじめ，店舗型事業所Bremen Fairytale，共同生活援助（グループホーム）ピアライフの

3箇所の福祉事業所を運営しており，全体で10数名のスタッフのうち，計8名がピアスタッフとして働いています（2018年現在）。パートタイマー的な働き方のピアスタッフが多いのですが，管理者（施設長）を任せていたり，また常勤（正社員）のピアスタッフもいます。業務内容としては，利用者のコーヒー焙煎などの作業補助や店舗の運営，グループホームの食事作りなど，現場支援の大部分を担ってもらっています（ご興味がありましたらぜひホームページやFacebook，Instagramなど各種SNSをご覧ください。「レジネス」で検索すると1番上に出てきます）。

　なぜこれだけ多くのピアスタッフが働いているのかというと，当法人は元々ピアサポートグループ（自助グループ）活動を前身としていたことに由来しています。当時川崎市には自助グループが少なく，ピアサポートに関心を持った私は，自助グループの立ち上げ・運営をサポートし始めました。その自助グループもなかなか継続が難しく，拠点をもってなんとか活動を継続しようと，2014年に福祉事業所（現レジネス）を開所しました。そういった経緯もあり，レジネスは開所当初からピアスタッフのいる福祉事業所を掲げ，開所時に2名のピアスタッフを雇用してスタートしました。2018年現在で，レジネス開所から約6年。法人としてはまだまだ若輩者ですが，ピアスタッフが当たり前に働く事業所になり，スタッフの人数も増えて活動を続けていくことができています。

障害者雇用への課題解消も踏まえ

　話を雇用の心得に戻しますが，ピアスタッフ雇用は，社会的な課題である精神障害者の障害者雇用促進・就労定着の現場でも活用できるのではないか，とも考えています。ですから，本テーマでは，私自身ワーカーでありながら雇用主でもあるという立場を活かし，福祉現場でも企業

の就労現場でも活かせるように述べていきたいと考えています。

● 心得①：発想の転換，専門職主導からユーザー目線へ

心得１つ目は，「発想の転換，専門職主導からユーザー目線へ」です。

ピアスタッフ雇用，障害者雇用の場面でもありがちですが，業務を限定し，切り出すような場面をよく耳にします。もっというと，専門職，ピアスタッフで業務を分けているところもあるようです。

当事業所では，よくも悪くも誰がどの仕事をするかは決まっていません。ピアスタッフでもケース会議には出てもらいますし，商品販売や製造もやってもらいます。もちろん相談業務などもやってもらい，支援現場の中枢を担ってもらっています。

それに対して一般的には，事業所の方針や支援の方向性などは，医師などの専門職が決めるものだ，という考え方がまだまだ強く，精神障害者は治療・訓練の対象という事実が歴史の中で培われてきたように思います。それではせっかく雇用してもピアスタッフのよさは半減してしまうかもしれませんし，やりがいも持ちにくいかもしれません。

ピアスタッフは福祉ユーザーであるという強みがあります。自らが障害者として，福祉事業所に通ったり，サービスを受けてきた経験があります。ですから，ユーザーの目線で，当事者の感覚で，支援やサービスを先頭に立って考えてもらうことが，これからのサービス向上に役立つかもしれません。ですから，特に既存の事業所でこれからピアスタッフの雇用を考えている事業所などは，少し注意が必要です。これまでの発想を転換し，ユーザー目線の事業所づくりを行うためにピアスタッフの持つユーザーの感覚を引き出すという感覚を持ってみてはいかがでしょうか。

心得②：ピアスタッフはメンタルヘルスレーダーと捉える

心得２つ目は，「ピアスタッフを職場のメンタルヘルスレーダーとしてとらえる」です。大企業でも，メンタルヘルスのチェックを義務付けるなど，社員のメンタルヘルスは社会的な課題です。その点でいえば，ピアスタッフは支援者であると同時に，身をもって経験したメンタルヘルスの“専門家”であるといえます。私の職場のピアスタッフも，利用者だけでなく，同僚である私をはじめ，スタッフ（ワーカー職）のメンタルヘルスにも非常に敏感に気付いてくれます。

そもそも，私自身のメンタルはかなり弱く，疲れに鈍感だという自負がありますので（あまりよい自負ではありませんが），ピアスタッフから「斉藤さん，今日大丈夫ですか？」などと声をかけられることがよくあります。そんな時はたいてい疲れがたまっていたりする時で，声をかけてくれたことで「いや，実はね〜」というように次の会話が生まれ，気持ちが楽になり，さらには他のスタッフにも会話が派生し職場の雰囲気がよくなることがあります。

ピアスタッフは，一支援者であるだけにとどまらず，よい職場環境づくりの体現者です。極端に言えば，メンタルを酷使する感情労働といわれる福祉現場においては，ピアスタッフはなくてはならない存在であるとすら私は思っています。

心得③：共通言語を作り，苦労のパターンを知る／その① 当事者研究編

３つ目の心得は「共通言語を作り，苦労のパターンを知る」ということが挙げられます。やはりピアスタッフを雇う上で雇用主側の一番気になるところは「メンタルケアは大丈夫か？」「きちんと出勤できるのか？」「悩みをため込まずに働けるか？」というところが大きいと思います。確かに，ピアスタッフには“患者である”という側面もありま

す。その意味で，雇用管理に苦労するのではないかという声があるのは
ごく自然なことだと思います。

　加えて，精神疾患は他の疾患と比べると目に見えにくい疾患で，同時
に言葉にも表しにくい疾患と言えます。症状の感じ方・出方，発症のバ
ックボーンなどはそれぞれ違うので，なかなか他者に伝えたり，自分自
身ですら状態を把握するのは難しいことかもしれません。

　少し専門的な話になってしまいますが，我々の事業所では，「当事者
研究」という取り組みを活用しています。我々にとっては，当事者研究
はなくてはならないものです。当事者研究を実際に職場の中で行ってみ
るのが理想だとは思いますが，"当事者研究というものがある"と知っ
ておくだけでも，雇用主にとっては雇用の心得につながるかもしれませ
ん。

　当事者研究は，北海道の浦河べてるの家というところが発祥です。べ
てるの家や当事者研究については，色々なメディアにも掲載されていま
すので，興味があればご参照ください。ちなみに私自身は，支援者とし
て自信を喪失し，福祉の仕事を辞めようかと考えていた時期に，べてる
の家の講演会に行き，当事者主体の考え方に魅了され，「もう少しこの
仕事を続けてみようかな」と思わせてくれたことがきっかけで一念発起
し，今も仕事を続けられていますので，勝手にべてるの皆さんは恩人だ
と思っています。

　当事業所では，活動当初から当事者研究を定期的に行っています。も
ちろんレジネスなどの日中活動で開催したり，最近ではスタッフ同士で
行う「PST（プロフェッショナル・スキルス・トレーニング）」という
支援職の当事者研究も月に1回程度，定期的に行っています。各事業所
から業務時間後にピアスタッフを含むスタッフが集まり，それぞれの抱
えている困りごとをホワイトボードに書き出しながら，その場の誰もが
発言しながら自由に話を進めます（PSTの活動についても弊社ホーム
ページやFacebook等をご覧ください。また，近隣であれば当事者研究

第4章　ピアスタッフを雇用して活用するには　137

や PST を一緒に行う活動もしていますので，関心があれば是非お問い合わせください）。

　先に紹介したようにピアスタッフが全体の8割を占める弊社にとって，トラブルも含めて毎日良いことも悪いことも，いろいろなことが目まぐるしく起こります。我々は当事者研究を特別視・崇拝しているわけではなく，これがないとトラブルの渦に巻き込まれるから活用しているというのが本音で，言葉は悪いですが，"生き延びる術である"と言えるかもしれません。皆さんの職場でもメンタルヘルスの潤滑剤として是非当事者研究を活用してみてください。お呼びたて頂ければ私がお邪魔することも可能です。

心得③：共通言語を作り，苦労のパターンを知る／その② 職場での実際編

　この当事者研究について少し深めてみたいと思います。実際のピアスタッフ雇用場面にどのように役立ってきたか，大きく2つに分けて述べたいと思います。

　1つは，「苦労を語り合うことで，各々の苦労のパターンを各々が把握できる」という点です。精神疾患は，目に見えにくい疾患であると前述しましたが，当事者研究は語り合うことに加え，ホワイトボードなどに書き出す「外在化」が特徴なので，例えばあるピアスタッフが悩んでいるとき，当事者研究において職場の人たちがその人の苦労のパターンを把握しておくことで，「今どのパターンですか？」「今の苦労はどのあたりですか？」などのように言葉にして，言語的・視覚的にわかりやすく共有することができます。目に見えないところを見えやすくすることができるので，雇用主側にもピアスタッフ自身にもとてもメリットがあると思っています。

　2つ目は「共通言語ができる」ということです。当事者研究により会話・対話を重ねていくことで，職場内に自然と共通言語ができてきま

す。そしてその共通言語は，業務の場面でも自然に会話として使われるようになります。例えば「お客さん」（自動的にうかぶ思考），「ジャック」（ある考えに捕らわれること），「爆発」（人や物に感情をぶつけること），「苦労の棚上げ」（悩みを一時，横において考えること）などです。

　例えば，実際の場面を再現すると，「自分は何も職場に貢献できていない」という悩みを抱えたピアスタッフがいるとします（私の事業所では，その悩みは３日に１度くらい聞きますが）。そこに「いまお客さんにジャックされて大変ですね。一旦苦労を棚上げして，お客さんに帰ってもらうように伝えてください」などと会話します。すると，悩みでグルグルしていた状態から，少し救われることもあります。これをたとえば共通言語を用いずに「またいつもの悩みですね，気にしない気にしない！」とすると，比べてみるとその差は歴然で，不思議と共通言語で言われたほうが聞きやすく，むしろ安心できるのではないでしょうか。言われたピアスタッフにとっては，自分の状態を知ってくれているというような感覚を持つことができて，安心感につながるのではないかと思っています。

　このように苦労のパターンを共通言語化，可視化することができ，目に見えにくいとされる精神疾患やピアスタッフの困りごとなどを，わかりやすくすることが可能になり，雇用する側にとっても安心材料になると実感しています。

まとめ

　ここで挙げてきた心得は，決して美談ではなく，我々の苦労と失敗の歴史の産物だと思っています。毎日が失敗の連続といっても過言ではありません。こんな失敗だらけの我々から生まれた心得が，これからピアスタッフの雇用を考えている人にとって，少しでも参考になり，前向きに考えるきっかけになれば嬉しいです。

●●○ **第 4 章　ピアスタッフを雇用して活用するには**

アウトリーチ支援におけるピアサポート
──その意義と留意点──

下平美智代[1]，川村　全[2]

1）国立精神・神経医療研究センター，（元）リカバリーサポートセンター ACTIPS
2）メンタルヘルス診療所しっぽふぁーれ，（元）リカバリーサポートセンター ACTIPS

はじめに

　ACTIPS（アクティプス）では，2016 年 1 月から試験的に 1 名のピアサポーターを，アウトリーチ・チームの「ピアスタッフ」として雇用しました。制度的には，訪問看護ステーションの「看護助手」という身分での採用でした。ただし，この形態での雇用は 2018 年 3 月末をもって終了しました。2018 年 4 月より新たなピアサポート・プロジェクトを開始しています（別稿で紹介）。本稿では，ACTIPS のピアサポーター導入の経緯を具体的なエピソードを通して伝え，アウトリーチ支援におけるピアサポートの意義と留意点について考察したいと思います。

ACTIPS のアウトリーチ活動

　ACT（Assertive Community Treatment）プログラムを知っていますか。これはアメリカのウィスコンシン州で 1970 年代に開発された，重い精神症状により生活のしづらさを抱え，かつ様々な理由から支援につながりにくい人々を対象としたケア・プログラムです。ACT は，こうした人々が入院という環境ではなく，普通の生活の場，コミュ

ニティで治療とケアを受けられるように設計されたプログラムで，多職種専門家チームが24時間365日体制で，生活支援，医療的支援，就労支援，家族支援などの多様なサービスを利用者のニーズに合わせて，その利用者の暮らす場所に出向いて提供します。このように，支援者側が利用者の暮らす場所に出向き，必要とされている支援を届けるあり方を，「アウトリーチ」と呼びます。

一郎さん（仮名）との出会い

筆者（下平）は2015年4月からACTIPSで仕事をするようになり，まもなく，一郎さんの訪問を定期的に行うようになりました。ACTは個別担当チーム制になっており，利用者ごとに2人以上のスタッフがチームを組んで支援します。プライマリ（主担当）は，ひきこもりがちで「こうしたい」とか「こうしてほしい」などの希望をほとんど表明することのない一郎さんが，少しでも興味を持てそうなことを見つけては一緒に行動しようと声をかけていました。最初は私も「体重を減らしたい」という一郎さんの希望を聞いて，一緒に散歩をすることを提案したりしていました。あるとき，ようやく一緒に散歩ができたと喜んでいた私に，一郎さんは「下平さんは女の人だから一緒に歩くのが恥ずかしい」と言ったのです。そんな風に感じていたのかという思いと共に，感じたことを素直に言葉で表現してくれたことに感動しました。以降，何かを「一緒にする」のはプライマリに任せて，私は一郎さんの言葉を聴く時間をゆっくりとることを意識するようになりました。

一郎さんの会いたい人

ある日，一郎さんはある団体に行きたいのだと打ち明けてくれました。なぜならその団体には自分と同じように「頭に電波が入ってくる

人」がいるはずで，その人たちに会いたいのだと。筆者（下平）は，「そこに行かなくても，もし電波が入ってくる人に会えたら，会いたいですか？」と聞いてみました。一郎さんは，「会いたいです」と言いました。「じゃあ，私と一緒にそういう人が訪問してくれると言ったら，来てもらいたいですか？」とさらに聞いてみました。一郎さんは驚いたような表情で私を見つめ，「下平さん，そういう人を知っているんですか？」と逆に聞いてきたのです。「知っていると思います。一緒に訪問してくださるように頼んでみましょうか？」となおも訊ねると，「いや，その人に悪いからいいです。でも，そういう人が他にいるとわかってうれしい。教えてくれてありがとう」と言いました。

　その後，一郎さんのほうから何度となく，「そういう人」のことが話題に上りました。そして，いつしか「会ってみたい」とはっきり希望を表明するようになったのです。私はある勉強会で知り合った男性に，ボランティアのピアサポーターとして一緒に一郎さんを訪問してくれないかと頼んでみました。その男性は「行ってみたい」と一度は承諾してくれたのですが，その後，「緊張してしまい，だめです。ごめんなさい」と辞退されました。しかし，下平はまもなく，ピアサポーターの活動に関心をもっていた川村全（共著者）のことを思い出し，連絡してみました。川村には電波が入ってくるような体験はありませんでしたが，うつ状態や睡眠障害に苦しみ，ひきこもっていた経験がありました。様々なグループに参加して仲間と話をしていくなかで回復してきたのです。川村は一郎さんを訪問することに前向きな返事をしました。

　チームの合意も得られ，ある日，川村は下平に同行する形で初めて一郎さんを訪ねました。この日のことは我々にとって忘れられない出来事の一つとなっています。普段は口の重い一郎さんが，川村に対して好奇心に満ちた矢継ぎ早の質問をし，会話を交わしました。そのなかで見せる笑顔は，これまで下平と二人で会話しているときにも，プライマリを含め三人で会話しているときにも見せたことのないものでした。以降，

継続的に川村はピアサポートに入ることになりました。川村自身の希望とピアスタッフの雇用に前向きな運営メンバーの後押しもあり，制度的には非常勤の「看護助手」という身分で，川村は ACTIPS スタッフとして雇用されたのです。

アウトリーチでピアサポートを届ける意義

　ACT プログラムを利用している人の多くは，たとえ心の通じ合える仲間を求めていたとしても，その感じやすさゆえに強い恐れや不安から，外に出て他者と交流することができないでいるように見受けられます。アウトリーチ・チームのスタッフが自分を脅かす存在ではなく，むしろ味方でありサポーターであると利用者が感じられれば，まずはそのスタッフがその利用者にとって交流できる他者となり得ます。ただ，ACT の利用者のなかには，それ以上，社会的交友関係が広がらず，何年も ACT チームのスタッフ以外の人とは関わることができないでいるという場合もあります。こういう状況を見るにつけ，ACT のようなプログラムにこそ，ピアサポートが必要ではないかと考えるようになりました。外に出て他者と交流ができない人でも，訪ねてきてくれるピアサポーターがいれば，それが他者との交流の第一歩となり得るかもしれません。

　ピアサポーターが訪問するようになってからの一郎さんは，自分の考えや思いを言葉にすることが増えました。あるとき，一郎さんは，今の希望は「人とつながること」，そして「つながる」とは相手のことを理解することだと教えてくれたことがありました。最近では，外出の機会が増えて，スタッフ以外の人とも交流を持ち始めています。

ピアサポーターとピアスタッフ

　特定の利用者のピアサポーターとアウトリーチ・チームのピアスタッフは，同じようでいて全く異なる役割であるように思われます。下平が一郎さんに川村を紹介した時に期待したことは，自分自身のままで一郎さんと会話してほしいということだけでした。一方で，週3日（24時間）働くピアスタッフとなれば，雇用主側としてはACTIPSのアウトリーチ活動を支える一員としての貢献を期待します。直接的な利用者支援はピアスタッフのメインの仕事ではありますが，マッチングの問題もあり，1人のピアスタッフが関わりを持てる利用者は限られています。

　ACTIPSは，職種は様々なもののほとんどが専門職スタッフです。一方でピアスタッフは川村1人。雇用の前に，ACTIPSのピアスタッフとは何をする人なのか，定義や取り決めがなかったということが大きな反省点です。川村は専門職スタッフを見ながら，自分も同じように動かなければならないのではないかと焦りを感じ「何をしたらいいですか？」と他のスタッフに問うことが度々ありました。

今後の展望

　「ピアスタッフ」を雇用する場合，その事業所なりの定義と，仕事内容を明確化する必要があると思います。それが明確になっていれば，その仕事に合った人を採用することができるでしょう。ACTIPSの場合は，「看護助手」としての役割を担える当事者経験をもつ人，ということになります。ただ，ピアスタッフとして器用に複数の仕事をこなせる人が，ある特定の利用者に会ってほしい人であるとは限りません。ACTプログラムのようなアウトリーチ支援におけるピアサポーターは，自分自身のこれまでの経験を携えて，友だちがほしくても外に出られない利用者に，気の合う他者との交流の機会を届ける人となり得ま

す。この場合,「気の合う」人であるということが重要であり,ピアサポーターと利用者のマッチングは不可欠であると思われます。

ACTIPS で初めて雇用主側の立場に立ち,筆者（下平）は,ピアサポートは非常に重要であるという認識は変わらないものの,スタッフとしてピアサポーターを雇用することの難しさを実感しました。ピアスタッフとして ACTIPS に飛び込んだ川村もスタッフとして働く厳しさを実感しました。ピアスタッフと聞いて関心を持って会うことを承諾した利用者さんの内,継続的にピアスタッフに会うことを望んだ人はごく少数でした。これは個人のサポーターとしての関りが不十分であるというような単純な理由ではありません。利用者さん側の複雑な感情もあったことでしょう。ただ ACTIPS での支援は訪問支援ですので,利用者さんが受け入れてくれなければ支援関係は成立しません。成果と課題を残しつつ ACTIPS でのピアスタッフの試験的雇用は 2018 年 3 月末をもって終わりました。

おわりに

ピアサポートはどんな立場の関係性にとっても必要であると筆者らは考えています。ピアとは「仲間」や「同輩」という意味ですから,仲間同士の支え合いは全てピアサポートといえます。筆者（下平）も AC-TIPS で管理者という立場にいて悩んでいたとき,別の事業所の管理者がピアとして私を励ましてくれたことを今でも感謝の気持ちをもって思い出します。ピアサポートに携わりたいと言っていた利用者がある日筆者（下平）にこんなことを言いました。「私はやっぱりピアスタッフにはなれないと思う。私の経験は私だけのもので他の人に当てはまるとは思えないし,自分が役に立てるかわからない。でも,当事者同士お互いの経験を分かち合い,つながりをもてるような場があるといいと思う」。お互いの経験を分かち合い,つながりをもつこと,それがピアサポート

第4章　ピアスタッフを雇用して活用するには　145

の原点であると思います。一郎さんとのやりとりを振り返りつつ，これ
からもそうした場を創っていこうと決意を新たにしています。

●●●● 第4章　ピアスタッフを雇用して活用するには

採用までの流れについて：提言

相川章子
聖学院大学 心理福祉学部

　ピアスタッフになれた私はラッキー，宝くじにあたったようなもの，と思っているピアスタッフはまだ大勢いらっしゃるかもしれません。それを単なる運の良さで「選ばれる」だけではなく，他の職業と同様にわかりやすいプロセスのなかで自らが「選ぶ」職業として確立していくことは，ピアスタッフ採用の前提となります。これは時間も必要ですが，すでにピアスタッフとして採用された人たちもともに取り組んでいかなければ，そのような前提が確立されることは難しいでしょう。そのことも含めて，ピアスタッフが経験を活かしてより自分らしいピアサポートを展開し，生き生きと働き続けるために，まずは雇用における現状と課題を述べた上で，採用までの流れについての提言を試みます。

ピアスタッフ雇用における日本の現状と課題

1. ピアスタッフ採用の前提となること：開示か非開示か

　本書で加藤は，「精神障がいや疾患を通して得た自身の経験を生かして，事業所等と雇用契約（常勤，非常勤を問わず）を締結し，利用者のリカバリーに資する職員」と定義しています。

　つまり，雇用主をはじめ同僚，そしてかかわるピア（仲間）に対して

自身の経験を開示することが前提となります。

しかし，現状では，雇用主や同僚が当事者であることを知っているものの，利用者には開示せずにスタッフとして仕事している，もしくは雇用主から利用者には開示しないように指示される「ピアスタッフ」の話を耳にします。また，業務内容として利用者とかかわることが主ではなく，事務作業や作業指導などを主とする「ピアスタッフ」も多いのが現状です。

彼らは本書ではピアスタッフの対象としていません。ただ，当然，自身の経験を生かす（開示する）も生かさない（開示しない）もご本人の大切な選択です。その選択する権利が保証されることが前提となります。

2. 職業選択の一つになり得るか
①雇用が少ない

当たり前のことですが，ピアスタッフは職業の選択肢の一つです。しかし，まだ選択肢の一つになっていないということが，「ピアスタッフになる」というときに大きな障壁になっています。最大の原因はピアスタッフの雇用が少ないことでしょう。それによって公募などで目に触れることもなく，認知されないまま，ある時雇用主から声をかけられて初めてピアスタッフという職業があることを知ったという方もいるのが現状です。

②囲い込んでないか？

一方で，選択肢の一つに過ぎないということも言えます。雇用主が利用者に声をかけたり，知り合いの当事者に声をかける場合に，他の進路選択もある上で声をかけているでしょうか。雇用主が有能と見初めた利用者を囲い込んでいないでしょうか。ご本人にとっては職業選択の一つに過ぎないとしても，宝くじにあたったような喜びを得てしまう場合もあります。主体的に選択することができる職業として確立していればこ

のような問題は生じませんが，それまでにはしばらく時間がかかりそうです。

③資格取得と経験を生かすピアとの選択

また，精神保健福祉士や作業療法士，看護師，公認心理師，医師などの資格を取得している方もいます。それぞれの専門性を活かして仕事するという選択肢ももちろんありますし，あくまでも自分の経験を活かしてピアスタッフとして働く選択肢もあります。また，資格者として仕事をしながら，自身の経験を生かすという方も登場してきました。これらはご本人がどうありたいかを決めることです。そのあり方と機関としての採用条件が合うかをすり合わせていく作業が必要になります。この作業はご本人にとっても雇用機関にとってもとても重要なプロセスですが，現状ではご本人にその選択の余地がない場合がほとんどです。

3. リカバリー志向への変革を目指しているか

①採用への組織内の抵抗

ピアスタッフやピアサポーターと一緒に働きたいと思い組織に提案するスタッフがいても，組織内での反発があり，採用に至らない場合も少なくありません。提案しているスタッフが孤立し，疲弊し，あきらめてしまいます。反発の内容は組織によってさまざまです。体調が悪くなった場合はどうしたらいいか，どこまで責任を持てるのか，お金がない，とにかく当事者と一緒に働くことは想像できない，などなどです。

②組織内外のスティグマの矢面に

精神疾患があり，服薬しているということを開示して仕事することに対するスティグマもあり，大きな決断や勇気を伴うことはいうまでもありません。なんとか採用に至ったとしてもさまざまなスティグマにさらされているのがピアスタッフの現実です。残念ながらその多くは専門職からのスティグマの矢です。ピアスタッフは傷つき，苛立ち，無力感に陥りながらも，茨の道を拓き続けています。

4. 葛藤を増幅させている雇用環境の実態

①自身の利用する事業所での雇用による関係性葛藤

雇用側の専門職スタッフが利用者のなかから「いいな」と思う人を選んで雇用した場合，ピアスタッフは，雇用主とは支援関係と雇用関係，利用者とはピア関係と支援関係というように多重関係のなかに置かれます。二重関係は専門職含めて対人支援において倫理的葛藤が生じる課題として取り上げられます。それを多重にもつ環境をつくってしまうのが，利用していた機関での雇用です。いわゆる「一本釣り」と言われる雇用の多くが利用者のなかから選ばれているのです。雇用側が知らない「当事者」経験のある人を雇用することへの不安軽減のために，知っている「当事者」を雇用しているのではないでしょうか。他職種を雇用すると同様に，採用条件を設定し，公募し，知らないピアスタッフを雇用した方が長続きすることが研究結果からも表されています。サルツァー（Salzer, M.）は当事者提供サービスガイドラインで，自身が利用している，もしくはしていた事業所では雇用をしないことを原則とするとしています[1]。

②専門職スタッフの補助的役割を担うことでの役割葛藤

全米精神保健協会ヴィレッジ（MHA Village; アメリカ・ロングビーチ）[i]がはじめてピアスタッフを雇用したとき，専門職スタッフの補助的役割を担ってもらった時は長続きしなかったそうです。その後，他の専門職スタッフと同様の責任のある役割を担うようになったら辞職者が激減したとのことです。

これまで専門職スタッフが担っていた役割の一部，または雑務的な仕事や責任のない役割ばかりをピアスタッフの仕事として位置付けていないでしょうか。負担をかけまいという配慮が，実はピアスタッフの尊厳

---

i：1990年3月にロングビーチ（アメリカ）に，当事者中心に彼らが暮らすコミュニティにおいて，包括的な個別支援を提供する新たなモデルとしてデザインし，活動を開始している。リカバリー志向に基づいてピアスタッフを多数雇用している。

を低め，やりがいを奪っていることがあることを念頭におく必要があります。

③支援する側へのポジションシフトのプレッシャーによるポジション葛藤

ピアスタッフは雇用された途端に，これまで支援される側から見えていた世界と支援する側から見える世界の違いに戸惑いを経験します。そしてこれまで「支援される側」だったところから，ピアスタッフになり，暗黙のうちに「支援する側」へ移行しなければならないと考えます。

ピアスタッフのインタビュー調査から，生き生きと長続きしているピアスタッフは「支援する側」でもあり「支援される側」でもある新たなポジションを構築していることがわかりました[2]。それは，ピアスタッフのためのポジションがあらかじめ設定されている場合と，さまざまな葛藤の末に構築している場合などがあります。また複数のピアスタッフが雇用されている場合は自ずと新たなポジションが生成されていることもあります。どちらが良いということではありませんが，葛藤の末に消えるように辞職してしまう（フェイドアウト）ケースも少なくないため，スーパービジョンや研修，ピアスタッフ同志のピアサポートの場等が大切であると言われています。

④個人支援体制の課題

日本では基本的に1人の支援者に対し何人の利用者を支援できるかという発想で支援体制が組まれています。欧米諸国では，チーム何人で，何名の支援をするという発想です。例えば，ACT（Assertive Community Treatment）では10人のチームで100人まで支援する，というような体制になっていますし，英国ではNHSトラストの基礎となるメンタルヘルスチームでは10人で1000人を支援しつつ，さらに支援を要する場合はACTのようなチームや，時間外チームなどそれぞれに応じたチームが対応しています。つまりチームを単位に支援体制が構築されて

いるといえます。日本のピアスタッフにインタビューした時に，多くの方が「私はたまたまいい支援者に出会えたからこうして元気になれた」と話されました。このことは「私がピアスタッフになった時には，そのたまたま出会えるいい支援者にならなければ」というプレッシャーをいつの間にかに背負い，自信がない，責任が重い，私にはとてもできないと感じ，断念する方もいました。

　日本においても基本的な支援単位をチーム単位として，その中で支援者同士がスーパービジョンしあい，支え合う関係性を構築してチームづくりをしていくことが，特別なピアスタッフだけが長続きするのでなく，トレーニングを受けた誰もが働くことができ，継続していく要件の一つと言えます。これはピアスタッフに限ったことではなく，すべての支援者が生き生きと働く上で共通する要件とも言えます。

5. 不安定な位置付けと収入

　ピアスタッフの雇用上の位置付けは組織によってさまざまです。ピアスタッフは利用者のこれまで満たされなかったニーズに対応することのできる職種です。日本の精神科病院の歴史のなかで，訓練の名のもとで入院患者を院内清掃や給仕などとして働かせていた（使役）猛省すべき歴史があります。これらの歴史を彷彿させるような位置付けは当然人権侵害になります。今後それらをチェックする機能が必要になるかもしれません。

　給与については，ピアスタッフへの調査でも不安定な収入が大きな課題として挙げられています[3]。月に数回，不定期に仕事が入るため他の仕事もできずにいるピアスタッフや，ボランティアとして位置づけられているピアスタッフも少なくありません。ボランティアでピアサポート活動を行うことは推奨されるべきですが，ボランティアはご本人の経験の機会と成長というモチベーションに基づいて主体的に，自発的に活動することで，専門職等から依頼された役割を担うことではありません。

6. 学ぶ機会が少ない現状：研修・スーパービジョン体制の未確立

近年，ようやっとさまざまな学びの場が生まれてきていますが，数年前までほとんど学びの場はありませんでした。

筆者が実施した日本のピアスタッフへのインタビュー調査でピアスタッフになってよかったこととして，「研修に参加できるようになった」ことを挙げられました。つまり，スタッフには研修の機会は山ほどありますが，当事者には学ぶ機会が開かれていないことを意味しています。

スーパービジョンは全ての対人支援職には必須のものであり，新人から成長していく過程で欠かせないものです。しかしながら日本においては，他職種も確立されていない現状があります。一方で，ピアスタッフにはサポートが必要，と言われることがあります。サポートではなく，他職種同様にスーパービジョンが必要なのです。

採用までの流れについての提言：より生き生きと働けるために

より生き生きと働き続けるための採用までの流れについては，基本的には他の職員の採用のプロセスと同様だと考えます。通常と異なることがピアスタッフには起きがちであることから前項で述べたような課題が起きていたとも言えます。採用までの流れについて，通常の採用の流れと同様の流れ，ピアスタッフ採用における雇用側の準備，ピアスタッフ側の準備の3点に整理して提言とします。

1. 通常の採用と同様の流れ

①採用条件の明確化（応募要件，採用条件，採用人数，仕事内容等）

通常の採用と同様に，雇用側は採用の条件を明確にして，それを応募要件として明示しましょう。常勤，非常勤含めて，採用条件，仕事内容，採用人数などを明記します。明文化するプロセスで，雇用機関内で話し合い，必要な会議体を経ていくはずです。そのようなプロセスのな

かでなぜピアスタッフを雇用したいのか，ということを組織として言語化し，共有することになります。

②採用方法の可視化（募集方法，採用試験）

通常の採用と同様に，応募の方法，採用試験，採用に至るプロセスについて明示しましょう。公募を原則とします。それは，応募要件に合う誰もが応募でき，可能性が開かれていることは，ピアスタッフが雇用された後に，利用者とピアサポート関係の構築を阻む要因を減じます。またなぜ，ピアスタッフとして採用されたのかについてそのプロセス含めて説明できることがとても重要な意味を持つからです。いつの間にかに声をかけられて採用されたとなると後々利用者から嫉妬の対象になり，ピアスタッフがスタート時点で苦労することになります。

③雇用契約の締結

通常の採用と同様に，雇用の条件等を互いに話し合った上で雇用契約を締結しましょう。障害の特性からくる合理的配慮等については，必要ない場合も含めて採用時に話し合い，確認しあいましょう。ただし状況は変動しますし，合理的配慮については必要時にいつでも話し合うことができることも確認しておきましょう。

また，ピアスタッフを「障害者雇用」として契約する場合においては，雇用側はそのことをピアスタッフに伝え，通常の雇用と異なる点がある場合は説明する必要があります。基本的な雇用の枠組みが異なることによって，特別な労働条件（例えば低賃金，不定期な労働時間など）を設定したり，他職種と対等な立場で話し合うことができない環境をつくることは避けるべきです。なぜならチームの一員として対等な立場を保つ必要があるからです。

④給与等の一般化

給与や社会保険等についても他職種同様にしましょう。ピアスタッフは職員の一員として他の職員と対等な立場であることが重要です。障害者雇用の場合においても合理的配慮についての話し合いを要するのみ

で，対等な存在価値と発言権を有することを担保するべきでしょう。障害者枠でなくても合理的配慮を受ける権利はありますし，たとえ障害者枠で合理的配慮を受けたとしても，待遇面で他の職員と明らかなる公平性を損なう状況ではチームの一員としての対等性が保たれず，結果的にピアスタッフは専門職に巻き込まれてしまうだけの存在になってしまいかねません。

⑤雇用前研修および雇用後の研修およびスーパービジョン体制の構築

ピアスタッフやピアサポートに関する育成研修は全国的にも少なく，地域格差がある状況です。ピアサポートやピアスタッフはとりわけ地域の支え合いの関係性を生かしていくことが大切ですので，地域性を生かした育成研修等を構築していくことが求められるでしょう。また，既存の専門職や研究者向けの研修や学会などを当事者の方にも開放し，共に学ぶ場を増やしていくことはすぐにでも実施できます。これは「私たち抜きに私たちのことを決めないで」の体現の一つだと考えています。また，他の職員同様，採用された後も学びを継続することと，スーパービジョン体制について検討しておくことが必要です。

⑥チーム体制の構築と協働（コラボレーション）

ピアスタッフを含めたチーム支援体制を構築しましょう。ピアスタッフの導入にかかわらずチーム支援体制の構築は必要ですが，支援者が職人技のような支援を展開するのではなく，複数のチームメンバーと情報を共有し，かかわりを振り返り，互いに支え合い，高め合うチームづくりをしなければ，利用者のリカバリーに寄与することはできないでしょう。そのためにはチームとして一人ひとりの職員のストレングスを認めあい，職員もともにリカバリーすることが欠かせません。

2．ピアスタッフ採用における雇用側の準備

①リカバリー志向への変革に向けたスタッフ間の共有

ピアスタッフを雇用すればリカバリー志向へ変革する，というもので

はありません。ピアスタッフ雇用の前提として，（より）リカバリー志向の活動へと変革しようとするモチベーションが重要です。それには組織全体の変革への意識とともに，スタッフ一人ひとりの意識変革も求められます。

②多重関係をつくらない雇用と関係性葛藤への理解

支援関係にある利用者のなかからピアスタッフとして雇用することを極力避け，雇用のプロセスでより複雑な多重関係や関係性葛藤をつくらないように，採用プロセスを明確化・可視化するようにしましょう。

関係性葛藤は目に見えにくく，また言葉にもなりにくいため，ピアスタッフがひとりで悩みかかえこみがちです。スーパービジョンなどで，意識していくことが求められます。

③役割の明確化と新たな役割創出の柔軟性

ピアスタッフには未だ全国的な「業務指針」はありませんが，ピアスタッフにしかできないかかわりから生まれる業務は多くあると考えます。たとえば地域移行や就労移行など新たなチャレンジをする移行時に，少し先ゆく経験者と出会うことで希望を持ってチャレンジすることができるでしょう。このように，雇用時には，ピアスタッフの経験的知識が生かされ，やりがいが得られるような具体的な業務を設定しておくことは大切です。このように，ピアスタッフは，経験的知識と「ピアサポートの感覚」（本書第1章 加藤）を存分に生かして，活動のあらゆる場面で活躍することができます。経験のない専門職だけでサービスを考え，提供してきたなかでは見えなかった，経験を通した目線，世界観を持ち，新たな関係性のなかでピアのリカバリーに貢献することができます。これまで満たされなかったニーズから新たな役割を創設していくことができる職種と言えます。

④共に考え，共に創る：サービスを考えるところにこそピアスタッフが活きる

ピアスタッフが最も経験的知識とその視点を発揮するのは，サービス

を考え作り出すところだと考えます。これまで経験のない専門職者だけ
で考えてきたサービスを，経験者の視点で利用者に寄り添ったサービス
を創設する可能性を開くことができるはずです。ピアスタッフにはこれ
まで捉えられなかった利用者のニーズに気づき，これまでになかった新
たなサービスを生み出すことができます。ピアスタッフ自身が新たにつ
くる役割という「遊び」が新たなリカバリーを生むと考えます。そのた
めには新たな役割や業務を創出できる柔軟性を機関としてもつことも大
切になります。

3. ピアスタッフ側の準備

①経験を生かして働きたいのかを自身に問う

ピアとしての経験を有している方は，自身の経験を生かして働く働き
方と，自身の経験を生かすことを主にしない働き方を選ぶことができま
す。後者には，あえて開示しない（非開示）で働くあり方と，開示もす
るが自身の経験よりも，所持している資格の専門性を主に働くあり方が
あります。これらは自身が選ぶことができます。今後，ピアスタッフが
あたり前の存在となり，あえてピアスタッフと言わなくてもよい社会が
くるまでは，現代社会において経験的知識をもって働く人は，貴重な存
在であり，価値のある役割を果たします。

②ピアサポートの感覚の体験と継続性の担保

ピアスタッフになる前に，自身が「ピアサポートの感覚」（第1章 加
藤）を経験し，リカバリーのきっかけ，もしくは道を歩んでいるという
ことはピアスタッフになる前提として大切な経験的知識の一つとなりま
す。加えて，そのピアサポートの感覚を持ち続けるための基地的場所と
してのピアサポートグループやセルフヘルプグループに所属し，仕事と
は別にピアサポートという対等で心地の良い，自由な関係性を担保して
いくことも大切でしょう。欧米諸国においても「真のピアサポート au-
thentic peer support」という言葉に見られるように，ピアスタッフが

専門職化してしまう（ピアドリフト）という課題は見られています。

③学び続けること

ピアスタッフに限らず他職種同様であるが，ピアスタッフとして働いていく上で学び続けることを大切にしていきましょう。就職したら学びが終わりではなく，一人ひとりとの出会い，そのかかわりを振り返り，学び続けるなかでよりよいかかわり，リカバリーへの貢献が生み出されていくでしょう。

④社会人として基本的な知識やマナー

ピアスタッフになる方のなかには社会経験豊富な方もいますし，初めての就職がピアスタッフという方もいます。精神障害の場合，発症の時期によっては仕事をする経験が得られないまま年を重ねる人は少なくありません。とりわけピアスタッフにだけ言われることではなく，職種に関係なく社会人経験１年目は，職場のなかで社会人としてのマナーや基本的な態度，応対の仕方などを一から学びながら社会人として成長していきます。

文　　献

1）Salzer, M.: Best practice guidelines for consumer-delivered services. Unpublished paper developed, 2002.
2）相川章子：ポジション理論から捉えるプロシューマー（連載リハビリテーション関係論への招待 第 10 回）. 精神療法 38（3）; 385-395, 2012.
3）大久保豪：精神障害者のピアスタッフを雇用する事業所の人材育成方法と待遇等の実態調査〜ピアサポートを仕事として行う上での困難と工夫に焦点を当てて〜. 精神障害者のピアサポートを行う人材を育成し，当事者の雇用を図るための人材育成プログラム構築に関する研究. 特定非営利活動法人十勝障害者サポートネット，147-162, 2003.
4）（参考）City of Philadelphia DBHIDS: Peer Support to Toolkit. 2017.

第5章 ピアスタッフの可能性

●●●○ 第5章　ピアスタッフの可能性

ピアスタッフの働きがもたらす
新しい支援の可能性

矢部滋也

北海道ピアサポート協会／多機能型事業所 PEER+design

　今後，医療や福祉サービスを提供する事業体は，一般の企業よりも，よりメンタルヘルスへの取り組みや障害者雇用を意識して取り組まなければいけないのではないでしょうか。メンタルヘルスの視点においても，ピアスタッフの雇用，環境整備は日本の未来に繋がります。

　ピアスタッフと雇用主を両立している筆者の立場からみたピアスタッフのメリットを，それぞれの視点からまとめました。

● 経験を活かすことができる職業（本人）

　病気や障がいの経験をネガティブからポジティブに捉えることができるようになるのは，どのようなタイミングでしょうか？　薬を飲まなくなった時，安定した生活ができるようになった時，病気になった自分を受け入れてもらえた時，または自分自身が受け入れられた時など，それぞれ違います。どの内容にも共通して言えることは「希望」が垣間見えた時ではないでしょうか。

　一般的に病気や障がいの経験はネガティブな体験とされることが多く，誰もが経験しないほうがよいと考えるものです。しかし，発想の転換で，かつ仕事として活かすことを想像してみてください。辛かった経

験や現在も困りながらも生活している経験が，困難に立ち向かおうとしている人の役に立つ可能性があるのです。

それでは，どのように経験を活かして働くのでしょうか？　私の場合は，「ありのまま」に働くことがポイントと考えています。専門性としては，病気や障がいの症状や将来について困っている人がいたら，必要に応じて自分の経験を開示することがあります。同じような目線で，同じ方向を向き，リカバリーを応援しています。シンプルですが，これまでも，これからもこのような姿勢で関わっていくと思います。ピアスタッフは，経験の専門家です。

● ロールモデルと専門性（本人・雇用主）

現在は働く状態に至らない対象者でも，病気や障がいがありながらも働くピアスタッフの姿を見て，将来働くことができるというイメージを抱くことにも繋がります。

ピアスタッフとして働く際に，「完治」や「寛解」の状態ではなくても，会社の雇用条件や規程内で働けるような体調や状態であることが求められます。加えて，支援に関する一定の知識をつけた上で職務にあたることが望ましいと考えています。極端な話にはなりますが，病気の症状が強くて居眠りをしている，コミュニケーションがとれないとなると，ロールモデルではなくなってしまいます。最低限の健康管理やセルフコントロールが必要になってきます。

また，ピアスタッフにおける支援の専門性については，経験の専門家として関わることがピアサポートを提供する第一歩だと考えています。ピアスタッフは，支援（の）対象者の「力」を引き出せる身近な支援者であると考えます。

相互支援のピアサポート効果（本人・雇用主）

ピアサポートを提供する中で，大切なスキルの一つが「適切な距離を保つコミュニケーション力」であると考えています。支援（の）対象者とピアでありながらも，雇用されていますので，対象者と友達ではありません。近すぎず，遠すぎずの支援者としての距離感を保つことも重要です。大切なことは「経験を支援に活かす」ということです。対象者のリカバリーを支援するためにピアスタッフが存在し，相互にピアサポートの関係性を築いていきます。

病気や障がいをオープンにして働ける職業（本人・雇用主）

ピアスタッフは病気や障がいの経験があることが必須条件になります。ピアスタッフは雇用の段階から，病気や障がいをオープンにして働かざるを得ないということです。では，オープンにするメリットの一例を本人や雇用主の視点から見ていきましょう。

●例1：病気や障がいを隠すくらいなら，初めからオープンにしたほうがよい（本人）

これは私の経験談ですが，前職では体調が悪くなる中でクローズにして働いていましたが，「言えない苦痛」を経験していました。オープンにしたら仕事を外されるのではないかという不安や，精神疾患に対する偏見の不安などがありました。

今では，当たり前のように病気や障がいは自分の一部として捉え，体調不良時も必要に応じて状態を開示するスタンスにしてからは，とても気持ちが楽になりました。また，診察のための休暇なども含め，周囲からの合理的配慮も受けやすくなるでしょう。

キーワードは，働く環境下においての周囲の理解と考えています。自

身の情報を適切に開示し，ありのままの自分で働くことが，長く働き続けるために大切です。

●例2：本人がオープンにすることで特性や体調を把握しやすい（雇用主）

職場環境の整備にも繋がりますが，雇用主は働く個々人の特徴を把握，また健康的に働く環境を整えておく必要性があります。クローズで働く場合，その人の理解や把握が正確に行えず，日頃からのフォロー体制にも影響が出てしまいます。初めからピアスタッフとしてオープンに働くことで，上司や周囲で一緒に働く人は理解や配慮がしやすくなるでしょう。

役割の多様性（雇用主）

雇用主は，提供するサービスに合わせて，ピアスタッフがどのような業務内容になるかを明確にしていくことをお勧めします。

では，そのピアスタッフにはどのような仕事や役割があるのでしょうか？　まだ確立されていない現状もありますが，専門性としては「経験を活かす」ことです。

例えば，私が働く福祉事業所を例に挙げると，運営を行うために法律上，管理者，サービス管理責任者，生活支援員等の配置が義務づけられています。現状の制度では，ピアスタッフはこの内のどれかに配置されることになるでしょう。実際は，それぞれの役割を果たしながら，プラスαの役割でピアとしての視点を交え，支援の対象者に関わっています。当事者ということをオープンにした上で，必要に応じて経験を活かしながら支援業務を行っています。

今後，各地域の取り組みや研究事業等の発展により，ピアスタッフの役割はより明確化されてくるのではないでしょうか。

職場内ピアサポートとチームワーク（雇用主）

　ピアスタッフは，セルフコントロールがうまくいかない時，人間関係で体調を崩してしまう時など，そのようなことは多かれ少なかれあります。私自身も年に数回は体調を崩すことがあります。一般的に考えれば雇用側や上司や同僚は，「体調管理がなっていない」「業務に支障を来すから困っている」「すぐに休むことが多いから精神障がい者は困る」といったことを考えるのではないでしょうか。しかし，2018年から精神障がい者も含めた障がい者の法定雇用率が2.0％となりました。障がい者雇用が促進されていく中，事業体そのものが「精神障がい者の受け入れ体制の意識」を変えていく必要があると感じています。理想は同じ職場で働く者同士のピア（仲間）として，またチームとして互いにサポートしていく組織体制が必要であると考えます（図1）。環境を整備し，日頃から助け合えるチームはよい「支援」に繋がります。

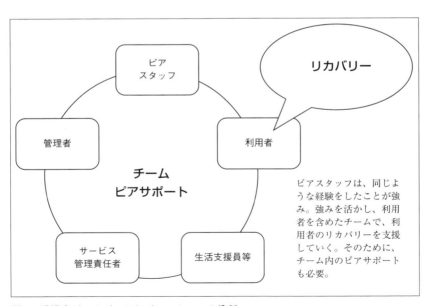

図1　職場内ピアサポートとピアスタッフの役割

ピアスタッフ雇用のポイント（雇用主）

　一般的に障がい者を雇用する時と同様の方法で，ハローワークに求人を出すことが可能です。その際は，ピアスタッフの雇用条件等を明確にすることが望ましいです。面接時に，どのような環境であれば働き続けることができそうか，苦手なことや体調を崩すきっかけになりそうなことはどのような場合かなど，リスク回避や職場環境の整備に応じて確認をしておくことがよいでしょう。

　雇用のポイントとしては，必要最低限働くことができるかどうか，決められた時間や日数に合わせて出勤できるか，経験を活かして働ける人材か，対象者とのコミュニケーションに課題がないかなど，実際に働くことになる事業所をイメージしてピアスタッフを雇い入れることが大切です。必要に応じてジョブコーチ等の第三者サポートも入れるとよいでしょう。

　薬を服用している場合は，最低月に1度程度は受診を必要としますので，配慮した勤務表を作成していく必要があります。

　また，障がい者を雇用すると，障害者トライアル雇用や特定求職者雇用開発助成金等の雇用助成金を申請することもできます。ただし，注意するべきこととして，ハローワークを介さず，または事業所等の利用者から引き上げ雇用をするなどした場合は対象外になります。状況に応じて活用することがよいでしょう。

新たな視点の支援（雇用主）

　以前から長期入院患者の退院支援を行う地域移行支援等のピアサポーターという仕事はありました。ピアスタッフというポジションは，ここ数年で新たに確立されつつある職業です。雇い入れる雇用者も必要性を模索している段階と考えます。私はピアスタッフの役割として，対象者

の「希望」に直結する人材だと考えています。対象者のリカバリーを支援していくための一員として迎え入れ，ピアスタッフの強みを十分に活かしてほしいと思っています。ピアスタッフがチームの一員になった際に，「当事者視点」という新たな視点が加わり，様々な角度から対象者の支援に繋がっていくことになるでしょう。これからのリカバリー志向型当事者主導サービスには欠かせない視点になります。

懸念を安心に変える（雇用主）

懸念されるのは，「ピアスタッフが潰れる」ことです。環境が整っていないことや体調の変化により休職や退職せざるを得ないリスクがあります。ピアスタッフには上司など，日頃からスーパーバイズや相談役がいることが望ましいです。

ピアスタッフはリスクが高いから雇用しないということではなく，ピアスタッフが体調を崩してもサポートできるチームは，サービスを利用する対象者から見ても周囲のサポートを受けて，働くことができるという希望にも繋がります。原点に戻りますが，回復段階にある対象者が，「病気や障がいがありながらも主体的に生きていくことができる」ことをイメージし，チームで支援していきます。ピアスタッフの役割や特性を認識し，価値を活かすことを心がけましょう。

ピアスタッフは，障がいのある人が働くための一選択肢として，また今後の精神保健領域における新たな可能性を秘めています。

第 5 章　ピアスタッフの可能性　167

● ● ● 　第 5 章　ピアスタッフの可能性

浦河でピアスタッフだからこそ 助けられること

伊藤知之
浦河べてるの家

● はじめに

　私は「社会福祉法人 浦河べてるの家」の就労継続支援 B 型と生活介護の多機能型事業所「べてる就労サポートセンター ベテスダ」で管理者・サービス管理責任者として働いています。この事業所では，べてるの家の主な作業である昆布の袋詰め作業を始め，刺繍・さをり織り（自分の思い通りに自由に織る手織り）などのグッズ制作・通信販売の事業を行っています。また，私は 2004 年に精神保健福祉士の資格を取得しています。最近は，精神障害を持ちながらピアスタッフとして働いたり，精神保健福祉士などの資格を取って働く仲間が増えてきており，嬉しい限りですが，日本ではまだまだピアスタッフの数が足りないと個人的には思っています。

● 向谷地生良さんとの出会い

　私は，小学校・中学校・高校で約 10 年間，クラスメートによるいじめを受け続けてきました。その一方で，父親からの「頑張れ」というプレッシャーに押しつぶされそうになりながら勉強だけは頑張り，現役で

小樽商科大学に入学しました。しかし，大学への通学途中にある高校の女子学生が悪口を言っている感覚に陥り，大学の授業に集中できなくなりました。大学の保健師の勧めで精神科を受診し，何とか大学を卒業し，北海道浦河町にある北海道庁の出先機関「日高支庁（現・日高振興局）」に配属されました。今にして思うと，べてるのある浦河に来たのも何かのめぐりあわせだったのでしょう。

　日高支庁では最初に福祉事務所に配属されましたが，仕事ではミスが目立ち，同僚とのコミュニケーションもうまく取れず，次第に閑職に回るようになり，2001年3月に休職になりました。その直前に，当時浦河赤十字病院のソーシャルワーカーだった向谷地生良さんから，「休職中にボランティアでべてるの仕事を体験してみないか」と言われ，休職と同時に仲間と昆布の袋詰め作業を行いました。べてるに慣れるにしたがい，パソコンの入力の作業や仲間の支援業務，スタッフの見習い業務などをさせてもらったり，全国各地の講演会や研修会にも行かせてもらえるようになりました。休職が終わり，その後の傷病手当金の受給も終了した2005年の9月に，晴れてべてるの非常勤スタッフとなりました。2013年の8月からは，「べてる就労サポートセンター　ノア」のサービス管理責任者となり，常勤スタッフとなりました。

● 自分の助け方

　管理者ではありますが，現在も私は仲間の支援の現場にいる感覚でいます。SST（Social Skills Training）や当事者研究のミーティングでリーダーやコリーダー（板書などのリーダーの補助）をしたり，事務作業をしながら仲間の相談に乗ったりしています。また，幻聴の影響で常に大きな声を出すという対処を取っている仲間が現在べてるにいますが，私はその仲間と一緒に行動し，べてるのカフェまで送迎したり，買い物に同行したりしています。

常勤で働くということは，肉体的にも精神的にもきついと感じること
もあります。加えて，私の場合は疲れていると，べてるのメンバーの何
気ない話し声や物音，電話の音などにも圧迫を感じることがあります。
音や刺激で頭の中のハードディスクがいっぱいになってしまいます。例
えていうならば，インターネットのニコニコ動画の，横に無数の文字が
スクロールする画面のような状態に近いと思います。そのように頭の中
がいっぱいになると，慌てて大声を出したり，走り回ったりすることも
あります。そして，最大級に調子がよくないときには，電池切れで勤務
時間の途中で帰ってしまい，携帯もマナーモードにして一切の刺激を絶
って休んでしまうことがあります。その後，体調・気分が回復したら，
何食わぬ顔で職場に戻ってくることもあります。私の場合は，強い刺激
に対しては自ら刺激を遮断するという自分の助け方をしています。

　私の場合は，調子が悪いときは自分でも周りから見てもすぐにわかる
ので，仲間やスタッフが見かねて「慌ててるよ」と言ってくれたり，直
面している場面から外させてくれることもあります。べてるには他にも
ピアスタッフは何人かいますが，それぞれが苦労を抱えているので，
各々の自分の助け方や働き方を研究しています。例えば，別の女性のピ
アスタッフは光の刺激に弱いので，デスクで仕事をするときには自分の
上の蛍光灯を消して仕事をするという自分の助け方をしています。その
女性ピアスタッフも私と同じ常勤織なのですが，彼女の場合は土曜日に
事業所を開所した時や出張に行ったときなどの振替休暇を1時間や2時
間単位で取得して早退して自分を休めるという助け方を取っています。

仲間との分かち合い

　また，浦河には統合失調症を持つ人の自助グループ「USA（Urakawa
Schizophrenics Anonymous）」があります。SA（Schizophrenics Anon-
ymous）はAA（Alcoholics Anonymous）に似たもので，AAの「12の

ステップ」「12 の伝統」のような「ステップ」という短い文章に沿って，メンバーは自分の体験を語っています。浦河の SA「USA」にはメンバースタッフも何人か顔を出し，自分の失敗や情けない体験を語っています。こういった仲間の中での体験の語りや分かち合いが，浦河でピアスタッフが働き続けられ，助けられる元になっていると思います。

　最近は，就労支援事業所，グループホーム，当事者団体などで，ピアスタッフや精神保健福祉士の資格を持った当事者の仲間が活躍する場が増えています。これまで事業所の利用者だった人が事業所に雇用されると，今までスタッフにできていた相談ができなくなって行き詰まり，調子を崩すという話もよく聞きます。べてるのピアスタッフが比較的継続して働き続けられているのは，スタッフに仕事や生活のことを相談できる体制を続けることができているからというのも大きいと思います。スタッフにも相談し，仲間とも分かち合うことで，べてるではピアスタッフが働きやすい環境が作り上げられている気がしています。

　今後，事業所などでピアスタッフの活躍の場がさらに増え，雇用が進むためには，先ほど述べたような，スタッフに継続して相談できる関係の維持とともに，失敗も含めた経験の共有・分かち合いの場が持たれることが大事だと思います。働きやすく，休みやすい場作りとともに，職場外で自助グループに参加したり，当事者スタッフや障害者雇用で働いている人だけの集いの場が設けられることがよい効果を及ぼすと思います。

　ところで，最近，私には好きな人ができました。相手は，先ほどの蛍光灯を消して仕事をするという話題で触れた人とは別の女性ピアスタッフです。彼女は，私と同じく精神保健福祉士を取得しています。べてるに彼女が就職した当時から，彼女からよく「分かち合いをしようね」と言われていたのですが，お付き合いをするようになってからは，職場でもプライベートでもお互いの弱さを語れるようになってきました。また，気のせいか，交際を始めてから私の電池が少し長持ちし，ダウンの

頻度も少なくなってきた気がします。ダウンの頻度と彼女との因果関係はこれから研究していきますが，今のところは何らかのよい影響を及ぼし合っているのは確かだと思います。彼女とは助け・助けられる関係です。

文　　献

1）浦河べてるの家：べてるの家の『非』援助論．医学書院，東京，2002.
2）浦河べてるの家：べてるの家の当事者研究．医学書院，東京，2005.
3）べてるしあわせ研究所：レッツ！当事者研究1．NPO法人地域精神保健福祉機構・コンボ，千葉，2009.
4）べてるしあわせ研究所：レッツ！当事者研究2：「爆発」は「つながり」への渇望だ！　NPO法人地域精神保健福祉機構・コンボ，千葉，2011.
5）向谷地生良：技法以前：べてるの家のつくりかた．医学書院，東京，2009.

● ● ● 第5章　ピアスタッフの可能性

ピアスタッフが福祉を変える

斉藤　剛
特定非営利活動法人レジスト

ピアスタッフは少数派

　「ピアスタッフのメリット」が本章のテーマになります。あくまで福祉業界に身を置いた私自身の個人的な感覚になりますが，ピアスタッフがいることがメリットだと感じている人は，この業界の中では残念ながらかなり少数派だと感じています。福祉の世界では，まだ専門職主導論，治療訓練最優先論のようなものが根強く，ピアスタッフが表舞台に立つ機会を作り出すにはまだまだ壁があると感じています。

　いきなり厳しい現実から始まってしまいましたが，そうした現実を踏まえ，専門職，雇用主側にあるそういった考えを，少しだけでもメリットの方向に意識改革することを勝手ながら本稿の使命に変え，述べていきたいと思います。

2つの方向性：職場環境と支援現場

　まずピアスタッフには，大きく2つの方向へのメリットがあると思います。1つは「職場環境におけるメリット」，もう1つは「支援現場におけるメリット」です。前者は職場環境をよくし，働きやすい職場を作

ることに関するメリットで，後者は対利用者や支援の方針・方向性に関するメリットに当たります。それぞれ分けて考えていくことで，よりピアスタッフの強みを活かすことにつながるのではないかと思います。それぞれについて，以下に説明していきたいと思います。

職場環境におけるメリット：ネガティブダイアローグが職場をよくする

　ピアスタッフが働くことで，その職場である福祉事業所での職場環境づくり，労働環境の向上など，働きやすい職場づくりにもメリットがあると考えています。そして，職場環境づくりでのメリットは，ピアスタッフがいることで「ネガティブなダイアローグ（対話）が当たり前になる」ことだと思っています。文字だけを見ると，あまりメリットに感じない人もいるかもしれませんが，私としては最大の誉め言葉を使ったつもりです。先の横文字「ネガティブなダイアローグ」を私なりに翻訳すると，「失敗が肯定され，対話（会話）が促進される職場」ということになるかと思います。一般的には，職場ではあくまで結果や成果を重視し，失敗は肯定されるべきものではなく，むしろ隠したいものです。半面ピアスタッフの働く職場では，むしろ失敗がよい職場づくりに活用されることが最大のメリットであると考えています。

　私の働くレジネスをはじめとする事業所では，ピアスタッフはよく，朝出勤するなり「今日は体調が悪い」「昨日あまり眠れなかった」「今，急に気分が下がってしまった」「昨日こんなことをやらかしてしまった」といったことを正直に話してくれます。私の職場では当たり前のこんな光景も，よく考えると「こういうことって普通の職場では極力隠すものだよな」と思ったりもします。

　ピアスタッフも含め，利用者も精神障害者です。そんな環境で，体調不良や失敗を隠していたらどうなるでしょう。プレッシャーになり，軒並み具合が悪くなり，みんなが順番に体調を崩していくことは想像に難

くないと思います。

　そんな中にあり，ピアスタッフは我々スタッフの前でも，利用者の前でも「ダメ」と正直に話してくれます。すると職場全体で苦労話がはじまり，会話が生まれていく光景をよく目にします。そういったネガティブな会話が生まれていくうちに，失敗やネガティブな話題が不思議とみんなのやる気を引き出し，ひいては会話・対話が促進され，とてもポジティブな空間になっていくことがあるのです。これを私は「ネガティブダイアローグの形成」と名付けました。ピアスタッフの雇用は，こうした逆説的な働きやすさや心地よい空間を生み出すことにもつながり，職場にとっては大きなメリットにつながるのではないかと思います。

　いま世間では，オープンダイアローグが注目されています。ピアスタッフは対話の体現者・発信者として，職場にはなくてはならない存在だとも思っています。

支援現場におけるメリット：その①　ユーザー目線の支援へのシフト

　次に「支援現場においてのメリット」に話題を移します。これは，同じ当事者でもある対利用者への支援や関わり，支援計画や支援の方向性，つまりこの人にどのように支援をしていこうかというようなことに関してのメリットになります。これについては大きく3点をあげてみたいと思います。

　支援のメリットの1つ目は「ユーザー目線にシフトできる」という点だと思います。これを見て，福祉もサービス業の一つだから，ユーザー目線なんて当然，と思った人もいるかもしれません。しかし，医療を中心にした治療，訓練という考え方，医師の判断のもと，専門職主導のもとで支援を一方的に受ける受動者であった精神障害者の歴史にあって，"ユーザー目線"ということからはほど遠い部分もあったのではないかと感じています。このような状況下で，まだまだ当事者目線，当事者主

体で，支援や制度を組み立てていくことはとてもハードルが高い部分でもあります。

　ただ，どこの業界でも，例えば，家電を作るとき，車を作るとき，冷凍食品を作るときなど，お客様であるユーザーの目線を取り入れるというのは当然行われていることです。精神障害者福祉の中では，そこが難しい現状はあると思います。そうしたなかにあり，ピアスタッフは元福祉ユーザーでもあり，同時に福祉の担い手でもあるという両面を眺めることができる大変貴重な存在なのです。実際に私の職場でも，当たり前ですが忘れがちになる“ユーザー目線”をいつもピアスタッフの言葉などで気づかせてもらっています。

　実際，私の職場では，利用者の人の支援を考えるケースカンファレンスなどの際，ピアスタッフに「〜なサポートが必要だと思うけど，もし自分が受けるとしたらどう思う？」「〜なサポートしてみようと思うけど，自分がされたと思うとどうかな？（もしくは，自分が実際されたときどう思った？）」というような質問をするようにしています。そこで「思ったよりも対象者がこちらのサポートに関して負担に感じるかも」という意見が出たりして，はっとさせられることも多いのです。通常だったら，関係機関に連絡して，面談して，様子をうかがって，受診同行してというような，専門職主導ともいえるパッケージされたプランで支援が進みそうなところも，本人に任せてみようなどといった視点が自然と出てきたりします。その意味では，「ユーザー目線になれる」という点において専門職ははっきりピアスタッフに負けを認めて，教えを乞うような形で，当事者主体の支援現場を作っていくことが必要不可欠かもしれません。

●支援現場におけるメリット：その②　共働する支援

　支援のメリットの２つ目は「共働できる支援が作れる」というところ

です。前述のように精神障害者福祉の現場では，医師や専門家が支援を提供し，それを当事者が受ける，という上下の一方通行のような方向での治療や支援が提供されている，という歴史がありました。

　その一方で，障害者権利条約などの運動で「当事者抜きで決めないで」という声が叫ばれ，転じて精神障害福祉の中にも「リカバリー」「ストレングス」という考え方が広まってきたことは自然な流れかもしれません。

　その流れを汲み，昨今の支援の世界では，「共働（co-production）」という言葉が広がってきました。これまでの支援が上下の一方通行だとすると，共働は双方向に広く開かれているようなイメージでしょうか。極端に言うと，支援の提供者，受益者に垣根はなく，お互い支え合い，できるところ・できないところを補い合っていこう，という考え方です。

　聞くところによると，学校などの教育現場でも，こうした共働の考え方が広がり，教師と生徒が共に学び合うという風潮もできつつあるそうです。

　共働は支援現場にどういう影響を与えるのでしょうか。時には支え合い，時には他者に力を貸すことで，できることも自然に多くなっていくというよい結果につながり，かつ自分で選んで自分で決めていく場面が増えることにより，回復やリカバリーの近道になっていくといえます。その中で，ピアスタッフという存在は，まさに共働の体現者であるといえます。受益者の経験もありつつ提供者となることもある，つまり両方の経験がある存在です。そのため，支援においての関係性を並列に，フラットに作り上げることができます。上下の関係ではなく，ともに支え合うことができる環境，それは共働の近道になります。

　社会は支え合いで成立しているという見方もあります。上下の関係ではうまくいかないところもあります。それは支援や福祉の世界も同じです。その意味で，フラットな関係を作り，時には支え，時には支えられ

る支援のできるピアスタッフは，これからの共働ソーシャルワークの中心を担っていく存在であると思います。

「専門職病」からの脱却

　余談になりますが，私の職場では「専門職病」という言葉を使っています。この言葉は，私がピアスタッフについての講演を行った際，資料の中に載せたことがきっかけで生まれたのですが，前述した「専門職主導のパッケージ」のように，当事者によかれと思って「専門職だから支援しなくてはいけない」「経験上こうしたほうがいいだろう」と憶測し，結果的に専門職主導で支援が進んでしまう状態を揶揄して名付けました。かくいう私も，「専門職病」傾向の強い支援者だと自戒しています。

　そんな私にとって，「専門職病」の一番の治療方法はなにか。それは，ピアスタッフの言葉です。毎回のようにピアスタッフに「そこまでしなくていい」などと指摘されることで，「治療」してもらい，考えを修正してもらう場面が本当に多く，当事者主体の視点に変換してもらっています。ピアスタッフの視点には私自身教えられることも多いですし，専門職や業界全体の意識改革に大きなメリットがあると思っています。

●●● 第5章 ピアスタッフの可能性

社会を変えて自分を救うピアサポート

佐藤光展

医療ジャーナリスト／探査ジャーナリズム NGO ワセダクロニクル・シニアリポーター

●「病院の顔」になったピアスタッフ

　精神疾患の患者を支えるピアの力は，福祉現場のみならず医療現場で
も強く求められています。しかし，最大の受け皿となる精神科病院の改
革は進まず，「患者を長期入院させてボロ儲けしている」というイメー
ジを拭い切れていません。患者に大した治療をしなくても，1年間入院
させるだけで一床あたり約500万円を得られるのですから，多くの精神
科病院が社会的入院の解消に消極的なのも頷けます。ですが，そんな姿
勢ではピアの力を生かせません。

　ピアスタッフが生き生きと働けるのは，長期入院患者の地域移行や病
床削減，薬物処方の適正化などの大改革に取り組み，よりよき精神科を
目指す病院です。私が2018年春に取材した関東地方の精神科病院は，
過去3年ほどの間に社会的入院患者を次々と地域に戻し，80床の病床
削減に成功しました。患者の中には50年近くを精神科病院で過ごした
人もいて，「（地域に戻るのは）不安でたまらない」という声が大勢を占
めていました。ところが実際に戻ってみると，患者たちの感想は「病院
にいるよりもずっと楽しい」だったのです。

　当然ですよね。この広くて自由で何でもできる世界では，責任やスト

レスも付いて回りますが，病院の閉鎖空間で常に監視され，息を殺して生活するよりも，はるかに生きる実感を味わえます。

　患者第一を貫き，4億円の減収（500万円×80床）を厭わずに改革を進めたこの病院には，職員からも患者からも「病院の顔」と慕われるピアスタッフの男性がいます。仮に「田中さん」としておきます。温和で真面目な田中さんは，この病院で通院治療を受けながら，スタッフとして週5日働いています。デイケアのピアサポートに加え，患者宅を回る訪問活動のスタッフとしても活躍しています。

　田中さんが関わる患者の中には，心が不安定になると家にこもり，経験豊富な医療スタッフも対応に苦慮する人がいます。ところが田中さんが訪ねると心を開き，「田中さんに言われたら仕方がない」と治療を再開するそうです。治療と言っても，この病院は薬をてんこ盛りにはしないので安心です。症状を悪化させるに至ったストレス源を突き止め，生活を支えることで心の安定を目指します。そのためこの病院は，田中さんのような患者の心を支えるピアスタッフや心理士，社会的サポートに精通した精神保健福祉士の力を何よりも必要としているのです。

　精神疾患に対する社会の理解はまだ十分とは言えません。患者を社会から隔離し続けた収容型の精神医療が，「精神疾患＝遠ざけるべきもの＝怖い」というイメージを社会に植え付けてしまいました。この歪んだイメージを根本から覆せるのは患者自身だけです。医師や看護師も一目置く田中さんのようなピアスタッフが多くの精神科医療機関で雇用され，患者たちの地域生活を支えるようになれば，精神疾患のイメージは劇的に変わるでしょう。

　ただし，医療機関で働くピアスタッフを増やすには安月給の問題を解決しなければなりません。病院で働くピアスタッフの給料は安く，田中さんも同様です。病院は様々な資格職で成り立つ世界ですから，資格のないピアスタッフの給料は簡単には上げられないのです。田中さんが働く病院の院長も「あの働きぶりを考えたら今の給料は安すぎる」と胸を

痛めています。

　これは個々の病院の問題に留めず，社会全体で考えるべき課題です。ピアスタッフも仲間と連携し，待遇改善を求めて声を上げることが大切だと思います。精神疾患を患う人は遠慮がちな性格の人が多いように思えますが，受け身一辺倒では損をするばかりです。心を支えるピアスタッフをボランティアではなく職業として定着させるには，ピアカウンセリングなどのサービスの質を担保する仕組みづくりも必要になるでしょう。

　今後の課題は山積していますが，ピアサポートの可能性は無限大です。今注目されているフィンランド発のオープンダイアローグ（開かれた対話）でも，患者と同じ目線で対話できるピアスタッフの力が日本での普及のカギになるかもしれません。ピアの力で精神医療がよい方向に変わることを願っています。

処方薬依存の自助グループ

　ピアサポートには患者としての自分を癒す効果もあります。一例として，処方薬依存の自助グループ「MDAA」の活動を紹介します。

　このグループは，医師が長期処方した抗不安薬や睡眠薬の副作用で薬物依存に陥り，苦しい離脱症状を乗り越えて断薬に成功した50歳代の男性3人を中心に結成されました。作業療法士ら専門職のメンバーも加わり，2019年1月末現在，横浜市，川崎市，府中市，西東京市などで定期的なミーティングを開いています。さらに大阪や福岡にも広がり，全国規模の活動になってきています。

　「主治医を心底殺したいと思った」

　MDAAのミーティングでは，参加者から過激な発言が飛び出すこともあります。無理もありません。医師が処方した薬を，指示された通りの分量で飲み続けただけなのに，薬物依存（常用量依存）になってしま

ったのですから。ベンゾジアゼピン系などの抗不安薬や睡眠薬には依存性があり，「麻薬及び向精神薬取締法」で以前から規制の対象になっています。医師が依存性の強さを知らなかったはずはないのです。それなのに医師たちは「副作用の心配はない」「長く飲んでも大丈夫」などの非科学的な言葉を安易に使い，患者を追い詰める有害処方を続けたのです。

　内閣府がかつて行った「睡眠キャンペーン」では，日本睡眠学会の医師たちがインターネットサイトでベンゾジアゼピン系睡眠薬の安全性を次のように強調していました。

　「医師が処方する睡眠薬はベンゾジアゼピン系作動薬であり，耐性や依存性が出現しにくいなど副作用が少なく，より安全な薬です」

　「通常の用量なら，昔の薬剤のような強い依存性（飲みだすとやめられなくなる）は無い」

　まさにこのサイトを見て精神科を受診し，「通常の用量」の睡眠薬で処方薬依存に陥った人を取材したことがあります。処方薬依存の患者を数えきれないほど作り出した責任は，個々の医師だけでなく国や関連学会にもあります。だからこそ，患者たちはやりきれない思いを抱えて怒っているのです。

　MDAAで過激な発言をしても責められることはありません。参加者はみな，同じ思いを抱いたことがあるからです。しかし，怒りに捕らわれ過ぎるのはマイナスです。

　中心メンバーの一人，鈴木さん（仮名）は次のように考えています。「薬を減らす過程で生じる離脱症状の激しさは人によって異なりますが，生きた心地がしないほどの苦しみを数週間味わう人もいます。私もそうでした。そうすると，こんなものを飲ませ続けた医師への怒りがこみ上げてきます。でも怒りや憎しみにばかり捕らわれていると，自律神経が亢進して離脱症状がますます辛くなってしまいます。まずは自分の回復を最優先することが大切です」

服用量を少しずつ削る減薬を経て断薬に成功すると，振り出しに戻ります。睡眠薬や抗不安薬を飲むきっかけとなったストレスや心の異変がぶり返してくるのです。MDAAの真骨頂はここから発揮されます。

　「医師に安易に頼ってしまった自分にも弱さがあったと思います」

　「精神科に行って病名をつけてもらい，薬をもらえば仕事をしばらく休めるという姑息な考えがありました」

　「とにかく早く楽になりたい。ストレスから逃れたい。そのような焦りが受診の背景にあったと思います」

　「結局，私たちも処方薬依存に気づくまでは喜んで薬をもらっていたのです。私たちは元から『医者が助けてくれる』『薬で治る』と医療に過度の期待を抱き，立ち向かうべき現実から目を逸らす精神科依存，薬依存に陥っていたのではないか。私たちにも落ち度というか，隙があったのだと思います」

　MDAAの参加者たちは，信頼できる仲間の前で胸の内をさらけ出し，感想を聞きながら頭の中を整理していきます。すると自分が抱える問題が鮮明に浮かび上がってきます。その問題から逃げずに冷静に対処できるようになれば，医師や薬に過度に頼っていたかつての自分から卒業できます。

　鈴木さんは言います。「自助グループは人助けのためだけにあるのではなく，読んで字のごとく自分を助ける活動です。ストレスをためて精神科を受診する人は総じて自己評価が低く，私もそうでした。MDAAを始めたことで人の役に立てると思えるようになり，私自身も救われました」

　人を救い，自分も救う。多種多様なピアサポートの活性化は悩める人たちの孤立を防ぎ，精神疾患の予防にもつながるかもしれません。5年後，10年後のピアサポートの展開が楽しみです。

第6章 ピアスタッフの課題と対応

●●● 第6章　ピアスタッフの課題と対応

制度という視点から
ピアスタッフの現状を考える

飯野雄治

ピアスタッフネットワーク

　精神保健福祉医療サービスの多くは，障害福祉サービスや医療保険制度の一部として提供されています。これら国の制度があるから運営費を確保しやすいため，サービス提供がしやすくなります。ここでは，ピアスタッフが提供するサービスとこうした制度との関係を考えてみましょう。

制度が作られるプロセスや内容

1. 制度をひと言で説明すると

　誤解を恐れず単純に言えば，行政の仕事とは税金等のお金を集め，それを必要としている人に配ることと言えるかもしれません。お金を配るにあたり，国民や当事者，支援者，研究者などが妥当だと考える，法律をはじめとした一定のルールに従います。このルールや，ルールに従って配られたお金に基づいて実施される福祉・医療等の事業が，（社会保障）制度です。ルールを作って運営し，ルールに従って配るための予算を獲得する行政の担当者にとっては，「税金を注ぐに値する事業であることがわかること」「事業を実施する人（事業者）がいること」が必要となります。逆に言えば，この2点があれば制度化は可能だと言えるで

しょう。

2. 制度を作るプロセス

このように制度作りとは，先駆的取組（現場），利用者や当事者，（事業の有効性を示す）研究者，そして行政の協働作業です。誰が欠けても制度化は難しいでしょう。これは概ね，①自主財源による先駆的取組から始まり，②実施内容を一部に制限して税金等を活用するモデル事業の実施，③モデル事業の費用対効果等の実証，④会議等（国の場合は社会保障審議会等）での制度化の必要性の議論・認識の共有，⑤ルール改正案（国の場合は法律，自治体の場合は条例の制定・改正案等）の提出，⑥国会・議会での審議等，そして⑦行政による詳細なルール作り，という手順で進められると言えるでしょう。

3.「ルール」のポイント

福祉・医療サービスに関する制度を定める際には財源や財源の安定性，事業の実施主体等がポイントになろうかと思いますが，ピアスタッフに関する制度を考えることを考慮し，ルール上のポイントとして①運営基準，②報酬，の2点をあげましょう。前者はサービス提供する際に，いわば最低限守らなければならない水準やルールのことです。後者は，この運営基準に従ったサービスを提供した場合に，支払われる報酬額に関することです。報酬は，サービスを提供していれば基本的に支払われる基本報酬と，特別なサービスを提供した場合に評価されて支払われる加算からなると理解できます。また，①の運営基準，②の報酬ともに，（ア）支援する人に関すること，（イ）支援する物理的環境に関すること，（ウ）支援する内容・プロセスに関することで設定されると考えてよいでしょう。

4. 制度が持つリスク

　こうして，制度になればサービスを提供しやすくなります。しかし，制度に頼りすぎると，意外な落とし穴が待っていることがしばしばあります。制度を立ち上げて運営すると，しばしば経験しますが，少しでも多くの報酬をもらいたいがために，支援される人の意志や必要性を顧みず，制度に定められていない支援について検討されず，報酬が算定される支援だけを提供する現場が増えやすくなるものです。このように，制度になると事業が形式化し，運営基準等に定められた支援を提供することが事業の目的と化してしまうことがよくあります（制度の自己目的化）。

　制度の作り方はさらに工夫の余地がありますが，制度が持つこうした特徴を踏まえると，制度外での取組として存在するほうが適しているものがある場合も考えられ，よいサービスを提供するためにこそ制度化しないという道を積極的に選択することも大切なことです。

● ピアスタッフに期待される役割

1. 集い，支え合ってきた歴史

　ピアスタッフという概念と実践の誕生は，歴史の積み重ねのうえで，初めて可能となっています。制度は今までの蓄積のうえでこそ機能することが初めて可能となるため，ごく簡単に欧米での歴史の流れを共有しましょう。

　早くは1838年に，イギリスの新聞「ロンドンタイムス」に閉鎖病棟を経験した元患者たちが集うべく広告を出し，語り合ったという歴史があります。アメリカでは1935年には，アルコール依存症患者が別の患者の断酒を助ける経験からセルフヘルプ活動が広がりました。また，1970年代には精神疾患という診断を受けた人たちが自宅のリビングや教会，地域のコミュニティセンターに集い，特に治療という名のもと，

つらい経験をしたことに対する怒りを語り合いながら，支え合う実践が活発となり，これらがコンシューマー運動の始まりだと認識されています[i, ii]。

　これを受けて行政は，ピアサポートに関する予算[iii]を付け，専門職は患者同士が交流することを推奨するようになります。こうして元患者たちが開発したクラブハウスというスタイルを専門職たちが真似し，ピアサポートがリハビリテーションプログラムの仲間入りを果たすようになります。なお，元患者たちは，公民権活動やエンパワメントという概念の誕生に刺激を受け，患者の権利や自己決定というテーマに着目するとともに，長期入院の課題や障害種別を超えたピアサポートの可能性について模索するに至っています。

2. 専門職に欠けがちなピアスタッフの視点

　このようにピアサポートは，一般的な治療を目的とした精神保健サービスとは別の次元や質，場所で生まれ，提供されてきたものであり，そこに固有の価値があることがわかります。ピアスタッフの役割を議論することは，本章に期待されたことではないので手短にしますが，全米のピアサポート活動等を研究して抽出された EBP プログラムのひとつである Consumer Operated Services Program（以下，当事者主動サービス）の人材育成テキスト[iv]には，一般的な精神保健サービスとピアサポートとの違いを整理した対比表が掲載されており，前者が病気の治療に焦点を当てるのに対し，後者は生活・人生全体に焦点を当てるものだと紹介されています。つまり，専門職が病気との関係で患者をみる傾向が

---

i：ゲイル・ブルーバード著「コンシューマー運動の歴史」（ナショナル・エンパワメント・センターのウェッブサイトに掲載）

ii：U.S. Department of Health and Human Services Substance Abuse and Mental Health Services Administration 作成 Tool KIT シリーズの当事者主動サービス Evidence 編

iii：この時期，日本においても「青い芝の会」等に代表される活動が盛んになり，システム・アドボカシーのロールモデルとなり得る障害者運動が活発になった。

iv：U.S. Department of Health and Human Services Substance Abuse and Mental Health Services Administration 作成 Tool KIT シリーズの当事者主動サービス Training 編

あるのに対して，ピアは「ひと」としてみることができるのが特徴というわけです。ピアスタッフとは，単に診断経験を持ち合わせた支援者というわけでなく，このような可能性を発揮することが期待されたスタッフだと言えるでしょう。

日本におけるピアスタッフの働きかた

日本におけるピアスタッフの活躍の仕方は多種多様です[v]が，現状では何らかの対価を得ている場合として，

1. 都道府県に登録したピアスタッフになり，精神科病院で患者たちと交流して地域移行支援（退院促進）に携わる。
2. 当事者会を含め，何らかの集団プログラムに参加し，患者たちをサポートする。
3. 医療または福祉機関の多職種チームの一員となり，患者たちをサポートする。

の3類型に概ね大別できそうです[vi]。これらは混ざり合う場合もありますが，この類型に沿って，整理してみましょう。

1. 地域移行支援に携わる（第1類型）

日本の制度としては特に地域移行（退院促進）にピアサポートが有効であるという視点から，予算化や制度化が進められてきました[vii]。これ

---

v：ピアスタッフネットワーク作成「ピアガーデン」

vi：厚生労働省「ピアサポートの活用状況に関する調査」報告書（平成26年度精神障害保健福祉等サービス提供体制整備促進事業に関する調査研究），みずほ情報総研「障害福祉サービス事業所等におけるピアサポート活動状況調査」報告書（平成27年度障害者支援状況等調査研究事業）

vii：平成16年9月に取りまとめられた「精神保健医療福祉の改革ビジョン」において「入院医療中心から地域生活中心へ」という基本理念の実現に向けた施策の必要性が示され，「良質かつ適切な精神障害者に対する医療の提供を確保するための指針」（平成26厚生労働省告示第65号），「長期入院精神障害者の地域移行に向けた具体的方策の今後の方向性（長期入院精神障害者の地域移行に向けた具体的方策に係る検討会取りまとめ）」（平成26年7月14日公表）において，地域移行におけるピアサポートの重要性が指摘される。

を受けて現在，精神障害がある人に関するピアサポート制度は，都道府県の独自の予算に基づき，都道府県ごとに実施されているものが主流です。ルールや予算規模は都道府県ごとに大きく異なっていますが，概ね次のような構造で事業が行われています。

　まず，都道府県が精神疾患の当事者に対して何らかの講習を行い，ピアスタッフを養成したうえで登録します。次に都道府県は，長期入院患者のいる精神科病院と調整し，ピアスタッフの派遣等を依頼されます。そして，都道府県は登録されたピアサポーターから希望する人を募り，ピアスタッフを当該精神科病院へ決められた日時等に派遣します。派遣に協力したピアスタッフは，都道府県から交通費や謝礼を受け取ります。精神科病院へ派遣されたピアスタッフは，入院患者と体調管理やたわいもない話をして交流したり，集団プログラムを提供したり，場合によっては外出・外泊を支援することが多いようです。この場合，一般的には精神科病院は，都道府県やピアスタッフへお金を支払いません。

2. 集団プログラムに参加する（第2類型）

　第2類型は，当事者会やWRAP，当事者研究等を含めた何らかの学習プログラムの運営に参加することにより，ピアサポートを提供して対価を得る場合です。

　この場合，ピアスタッフに支払われる対価の財源としては，①参加費によるもの，②プログラムの実施主体（機関，法人）の独自財源によるもの，③何らかの障害福祉サービスの報酬あるいは診療報酬によるもの，が考えられます。ルールや報酬は実施主体が定めます。ピアスタッフ自らが実施主体になる場合も考えられます。

　①の場合は，どうしても参加者が払う参加費が高くなりがちです。②③はピアスタッフが運営ないしは参加する集団プログラムについて，実施主体が対価を払う価値があると見なした場合に取られる形態のため，実施主体の意向（考えや方針）に左右されがちですが，参加費は高くな

らずに済みます。

3. 多職種チームの一員になる（第3類型）

　第3類型の働き方は，精神科医や看護師，精神保健福祉士，臨床心理士，作業療法士等の専門職で構成される多職種チームにピアスタッフとして加わり，精神疾患がある人の支援方針を議論しては，実際に関わっていくプロセスに参加するという働き方です。先に述べたように，専門職が患者の行動や将来を病気との関係で理解しがちになり，リカバリーの道に立ちはだかりかねません。このときピアスタッフは，精神疾患がある人のリカバリーのプロセスを伴走し，多職種チームのこの欠点を補うような役割が求められます。

　この場合において，ピアスタッフに支払われる対価の財源としては，①参加費によるものはあまり考えられず，②プログラムの実施主体（機関，法人）の独自財源によるもの，③何らかの障害福祉サービスの報酬あるいは診療報酬によるもの，が考えられます。メリットや課題についても同様です。

取り込まれ現象

　第2類型と第3類型においては，実施主体（機関，法人）の意向に左右されがちだと紹介しました。特に第3類型としてピアスタッフが働くとき，ときには専門職の支援方針等と異なる意見を出す必要があります。それは，チームの一員である以上はピアスタッフであるかどうかにかかわらず必要なことです。特にピアスタッフに期待される役割を考えると重要な作業ですが，このことが多職種チームで十分に理解されて雇用されていることは少ないようです。さらに専門職には専門知識や長い支援経験があり，異議申し立てはなかなか難しくなります。しかも彼らが組織上の上司であることや人事上の権限を持っている場合がほとんど

です。このような構造の中，ピアスタッフは専門職の意見に同調せざるを得ず，本来はピアスタッフに期待された役割を果たせないどころか，専門職の意見を補強するという役割を担ってしまう現象が起きやすくなります。これは，ピアスタッフが他の専門職者たちと同じような考え方やものの見方，ふるまい方を身に着けてしまい，肝心なピアサポートが提供されない「取り込まれ現象」[viii] のひとつとして考えることができます。

　私たちは，このような現場を再現したロールプレイ演習[ix] を行っていますが，ロールプレイ演習でさえも，このような現象が起きる経験を多くの人が口にします。これは，アメリカでも同じであることが報告されており，専門職（あるいはそれに近い立場の人）が経営者となり，ピアスタッフを雇用するという構造がある限りは，避けられません。

　このような現状と課題を踏まえ，つづく第7章ではピアスタッフが，その本質的機能を発揮しやすい制度のあり方について考えてみます。

---

viii：英語では，co-optation
ix：当事者主動サービスで学ぶピアサポート（クリエイツかもがわ）

●●●● 第6章　ピアスタッフの課題と対応

医療機関でピアとともに
協働するための配慮

肥田裕久

医療法人社団宙麦会　ひだクリニック

はじめに：一箱のマッチ

　ピアとは何でしょうか？　改めてこう問われると，とまどいませんか？　様々な場面でこの用語を目にし，聞くようになっています。栄セツコは「精神疾患の体験を基盤に，特に時間や場所を限定せず，ありのままの自分の力を活かしながら，精神障がい者の日常生活における支援を行い，既存のホームヘルプサービスの不備な点を補完，検証，是正，改革する活動」とピアによる支援を定義しています[1]。当事者の自らの経験に基づく視点は，いままでのいわゆる専門家が構築してきた支援の枠組み，慣習，価値観などに変革の導火線を加えることは論を俟ちません。

　当事者側に立った視点は，専門職に気づきを促し，より利用者にとって質の高いサービス提供がなされていくことが期待されています。しかし翻って考える時，これは殊更，大きな声で言わなくてはならないことなのでしょうか。もっと，ピアやピアによる支援は気楽に考えてもよいのでは？　そのようにも思います。

　一方で，筆者はこれを考えるとき，以下のようなことばをいつも思い出します。

「人生は一箱のマッチに似ている。重大に扱うのはばかばかしい。重大に扱わねば危険である」。芥川龍之介の「侏儒の言葉」からですが，このことばをピアやピアによる支援に置き換えてみたいと思います。たしかに特別に考える必要はないのかもしれない。でも，安易に流していくと，ピアの持つよいところもなし崩しになっていくように思います。

「ムボウ」を「キボウ」に

ピアの経験は，疾患や障がいとのつきあい方を核としています。多くのピアにとって自分の経験が他人の役に立つということや，あるいはそれを自分のキャリアに活かすということは想像すらしなかったかもしれません。医療法人社団宙麦会グループでは，筆者らは常勤11名，非常勤4名のピアスタッフと一緒に働いています（2018年3月31日現在）。最初の頃は，近くにピアをスタッフとして雇用している医療機関はなく，一部では「ムボウ」だといわれたこともありました。その理由も「刺激を与えないほうがよい」「症状が悪くなったらどうする」というようなものから，「守秘義務は守れるの」「自分のカルテを読んだらどうするの」まで。そのほとんどは杞憂に終わるのですが，でもその端緒には重い課題でした。しかし，その後，ピアの活躍をみている他のメンバーに思わぬ変化が生まれてきました。それは「自分も働けるかも」という期待です。それは必ずしもピアとして働くのではなく，働くということそのものへ向かいます。スタッフの「ムボウ」が，メンバーの「キボウ」に変わります。筆者は，これがピアを雇用する隠れた効果だと思います。social modelとしてピアが機能しているのです。

弱音を吐く権利

このように考えていくなかで，ピアは他のメンバーにとってsocial

model として，しかも強い strong social model として機能することがわかってきました。ですが，それはデイケアなり集団の視点からのことがらであり，当のピア自身はその呪縛にとらわれていないのかという疑問でした。つまりピア自身が「○○であらねばならない」という感情や行動規範を持つ（持たざるを得ない）環境のことについてです。アメリカの社会学者である A.R. ホックシールドは，感情労働という概念を提唱しました。感情労働とは「相手に感謝や安心の気持ちを喚起させるような，公的に観察可能な表情や身体的表現をつくるために行う感情の管理」と定義されます。感情の抑制や鈍麻，緊張，忍耐などを不可欠の職務要素とする労働といえます。

　感情労働に従事する者はつねに自分自身の感情をコントロールし，相手に合わせたことばや態度で対応することが求められます。「気が抜けず，精神的なストレスやプレッシャーを抱え続けなければならない」といった特徴があります。これに従事する人は，たえず相手の主張，要求，時にはクレームをも受け止める役割を担います。自分の感情を押し殺すような厳しい自制心をもって，穏便で的確な対応を要求されます。ピアはこのような感情労働をもって働くことを暗に要求されているのではないか，ということです。それから派生することはピアはどこで弱音を吐くのか，弱音を吐く権利をどのように保証をしていくのかということになります。なんらかの精神疾患や障がいをもっているということは治療やケアを受ける権利もあるということです。その権利のひとつに弱音を吐く権利もあってしかるべきだと思うのです。

　そのようなことも含めて，次節では筆者が思うピアを取り巻く課題について述べたいと思います。

● ピアを取り巻く 7 つの罠

　大袈裟に「罠」と記載しましたが，筆者は大きく 7 つの課題があると

思っています。もちろん他の課題はあると思いますが，本稿では7つを取り上げたいと思います。

1. ピアの「品質」保証

ピアと名乗り，それを職業にしていくならば，商品ではないけれど品質ということを考えなくてはなりません。たとえば医療機関で雇用するときに（他の職種でもそうなのですが），どういった仕事ができるのか，ということが問題になります。医療の現場では免許や資格が求められることが多いのです。特に名称独占，業務独占といったこともあります。ピアにはこの名称独占，業務独占はありません。そうするとピアを他の職種と同じように考えていくならば，そのピアがどのような研修をしてきたのか，を考えることも当然だと思います。ピアを特殊な職業ではなく，当たり前の職業として医療機関への定着を考えるのならばここを問うべきだと筆者は思います。

2. ピアの採用

医療機関で雇用をする場合，どのような採用形態があるのでしょうか。多くの場合，ピアの採用は一本釣りではないでしょうか。例えば，デイケアの中で活躍をしていたようなメンバーが，ピアとして採用されるような場合です。これはいじわるな見方をすれば，スタッフの「お気に入り」ではないでしょうか？　そこに公平性はないように感じます。また，デイケアの卒業生が悪いとはいいませんが，どうしても価値観が固定してしまい，そのため多様な考え方等は反映されない可能性はないでしょうか？　当法人では最初の数名はデイケアの卒業生をピアとして採用していましたが，ある時点から上記のように気づき，多様な来歴をもつピアの採用を積極的に行っています。

3．ピアの転職

いまはまだこの問題に遭遇してはいないのですが，専門職は免許や資格を持っているので，自分の希望やライフスタイルにあわせて自分で働き場所を選択することができます。自分のキャリア形成を自分の意志で行えるのですが，ピアはそういったことはまだあまりないように思えます。もっと多くの医療機関がピアを採用すればこのようなことも可能になるのではないでしょうか。これは未来への宿題です。

4．金銭面・経済面の確保

金銭面・経済面での確保は喫緊の課題です。やはり労働の対価としての報償は必須です。これはどの職種であっても同じはずです。もちろん，生産性や仕事の質によってその多寡は規定されますが，定期昇給も含めて公平なベースアップが必要です。現在の論点は「職業に就く／就かない」にとどまっている点も多いと思います。ですが，ずっと働き続けることができるためには，「金銭」という形であっても評価をしつづけるということも考慮しなければなりません。

5．Good Practice（優れた実践）

ピアが行った支援に対して Good Practice と判断するのは誰かという問題です。医療の成果は，症状軽快などの医学的評価には馴染みやすいと思われます。ですが，「治療に関する患者満足度」評価の導入も必要ではないでしょうか。専門職による「治療満足度」評価ももちろん必要です。しかしそれ以上にピアによる「支援満足度」評価についても求められます。全国で行われているピアによる支援の実際報告の集積とともに，受けた支援の満足度を客観的に提示していくことも大切です。「三た論法」になってはいないか，考えなくてはなりません。アイロニカルな言い方になりますが，「三た論法」とは，「支援した」「治った」「だから効いた」というものであり，さらに「よかった」と「四た論法」とな

ります。一見もっともらしいのですが，そこで支援者の自己満足の思考停止になってしまいます。

ピアとその支援を受ける人との距離が近いものならば，いや近いものだからこそ，評価をそこに導入するべきだと筆者は思います。

6. 研修内容

研修等である程度は学んでおいたとしても，支援の現場は予想外のことが多く起こります。例えば当法人では，グループホームの世話人としてピアが働いており，安否確認をピアが行うこともあります。実際にあったことですが，グループホームの浴室での事故死があり，その第一発見者がピアでした。このような場面に関して，どのように対応するのかという研修などは寡聞にして筆者は知りません。特殊すぎる例かもしれませんが，事前にどこまで研修できるのかという課題もあります。

7. Supervision（教育）

ピアに限らず，継続した研修体制や Supervision は必要だと思います。一般社団法人日本メンタルヘルスピアサポート専門員研修機構のように，全国組織的な活動で継続研修を行いながら，各種専門職と協働して当事者を支援できる「精神障がい者ピアサポート専門員」を育成している機関もあります。多くの場合，ピアの雇用は一人職場であったり，2，3人というところが多いと思われます。そのために大仰ではなくても，すぐに研修や相談できる体制があったほうがよいでしょう。

おわりに：片方の手で拍手したらどんな音がするか？

ピアを医療機関で雇用するうえで配慮するべきことを述べました。ピア自身の症状管理の点が本稿の記述で薄いのは，筆者にはおそらく「患者さんであった」という視点が抜けているからだと思います。これはノ

ーマライズという点からはとてもよいことでしょうが，配慮するべきことすら配慮していないという誹りを受けるかもしれません。いわゆる専門職の持つ「知識」とピアが自分の経験から得た「知恵」の融合が支援には必要だと思います。片方の手で拍手したらどんな音がするのでしょうか。大きな拍手はできません。支援のカーテンコールを続けるために両方の手をいっぱい使いたいと思います。

【利益相反】　本稿に関する利益相反はありません。

文　　献

1）栄セツコ：精神障害者に対するホームヘルプサービス—ピアヘルパーの意義と就労支援の可能性．ファシリティーズ・ネット，7（2）；5-8，2004．
2）（参考）水谷英夫：感情労働とは何か．信山社新書，東京，2013．
3）（参考）肥田裕久，中田健士：ピアサポートによる多様なサービスの可能性．日本精神科病院協会雑誌，36（10）；47-51，2017．

●●●● 第6章　ピアスタッフの課題と対応

ピアスタッフが働きやすい環境とは

中田健士

株式会社 MARS

● 人が働きやすい環境についての一つの視点と，ピアスタッフの雇用に関わる現状

　「障がい者も健常者も本当に働きやすい環境に大差はないと思う。障がい者にとって働きやすい環境は，健常者にとっても働きやすい環境である」[1]。これは，重度障がい者を多数雇用している特例子会社「サンアクア TOTO」の西村和芳氏の言葉です。筆者も，個々の価値観の違いがあって多様性がある社会の中で働きやすい環境を特定することは難しいと思いますが，人が働きやすいと感じる要素は本質的には同じであると考えています。もちろん身体的に不自由がある人はユニバーサルデザインなどのハード面が最初に考えられることであり，それはとても大切なことですが，組織の構造や職場の風土・文化などのソフト面のほうが重要であると思っています。「ピアスタッフが働きやすい環境とは」を述べる前に，人が働きやすい環境について，筆者が感じていることを最初に記載します。

　まず，働くにはモチベーションが重要です。1959 年にアメリカの心理学者であるハーツバーグは仕事を遂行する上で，達成・承認・仕事そのもの・責任・昇進・成長の可能性は動機づけ要因（満足要因）となり，会社の策と経営・監督技術・給与・対人関係・作業条件が整備され

ていないと不満が出る衛生要因（不満足要因）となるという2要因説を提唱しました[2]。近年は，社員への動機づけに関しては，金銭や労働条件などの具体的なモノをインセンティブとしてやる気にさせるか（外発的動機づけ），またはモノ以外の要因によって社員の気持ちに変化を喚起して自発的にやる気になってもらうか（内発的動機づけ）という2つに大別され，それらを融合させて動機づけを行っているのが一般的であると考えられています。

　しかし，2010年にダニエル・ピンク氏は「職場のモチベーションに関する議論は，人生における避けがたい純然たる現実，つまり生計を立てなくてはいけないという基礎事実から始まる。給与，契約料，給付金，何がしかの特典などは，基本的な報酬ラインだ。これが適切でなかったり，公平でなければ，被雇用者は不公平や不安定な状況ばかり意識する。それでは，本来予測可能なはずの外的動機づけも，理解しがたい奇妙な内発的動機づけも生まれない。結局食うために生きている，というレベルでは，モチベーションはまったく上がらない」と論じています[3]。

　これらのことをピアスタッフの現状で考えると，2016年の障害福祉サービス事業所等におけるピアサポート活動調査においてピアサポート従事者273名が回答した1ヵ月の平均賃金は11.3万円となっており，15万円未満は53.3％の割合となります[4]。これでは，基本的な報酬ラインにも届いていない人が多いと推測され，もしもその職場において達成・承認・仕事そのもの・責任・昇進・成長の可能性が見出せない環境にいるピアスタッフがいるとすれば，辞めてしまうのも至極当然なように思われます。

　一方で雇用する側から考えると，なかなか雇いづらい現実もあります。2017年の障害者職業総合センターの調査によれば，精神障害者手帳取得者の一般企業への就職後1年時点の定着率は48％となっており，約半数が1年未満で退職をしています[5]。また，2014年の同センター

の精神障害者の職場定着及び支援の状況に関する研究では，症状に対するセルフマネジメントの習得支援については職業リハ分野の就労支援の担当者や企業担当者が独力で関与することは難しいとし，症状の自己対処スキルの獲得において欠かせない医療機関等との連携が十分でないことも職場定着の課題となっています[6]。これを医療や福祉現場において考えると，普段の患者や利用者支援の現場において症状などのセルフマネジメントの習得支援の苦労を知っている職員にとっては，どこまで自身の症状の自己対処スキルがあるのかを数字では測れないことから，ピアスタッフと一緒に働くことに戸惑ってしまう人が多いのではないでしょうか。

ピアスタッフが働きやすい環境を考える

　それでは，どのような環境であればピアスタッフは生き生きと活躍できるのでしょうか。

　前項でも記載したように，人が自分から意欲的に満足のできる働き方としては，生活が成り立つ報酬がありつつ，達成・承認・責任・成長といった自他ともにその仕事の価値を見出し，役割をもって働くことが大切となります。これは自ら積極的に仕事に携わり，そのことが他者にも喜ばれ，その組織の利益につながることが必要です。

　ピアスタッフが働く場面で考えると，ピアサポート活動を行うことが，利用者さんや患者さんの満足を高め，一人ひとりのリカバリーに寄与することが求められています。いくら良いピアサポート活動をしたとしても，周囲のチームが協力的でないことやそのピアスタッフ自身が働くことに嫌気を感じてしまう環境では，悪循環に陥ってしまいます。質の高い支援を行うには，そのピアスタッフ自身はもちろんですが，ピアスタッフを支える家族や友人，周囲の支援者も心豊かであることが，好循環を生み出すことにつながるでしょう。

そして，筆者はピアスタッフが働きやすい環境は以下の4つの項目が揃うと良いと考えています。

①組織が精神疾患からのリカバリー経験が支援において有効であると認識しており，ストレングス視点を大事にし，苦手な部分はチームで補い合っている

②専門職（同僚）が個々のピアスタッフのリカバリー経験を活用できる場面の把握・蓄積及び他の専門職との情報共有がスムーズであり，対等性や互恵性がある

③ピアスタッフが自己対処能力を向上させるスキルを持っており，自身のリカバリー経験を活用できる場面をある程度把握して発信できる

④ピアスタッフが職場内でもプライベートのことが語りやすく，職場外でも支えてくれる他者がおり，良好な関係である

では，この4つの要素をより詳しく説明します。

最初に組織ですが，現実として医療・福祉などの障がい者の対人援助の現場において，その経験を活用して働くピアスタッフという位置づけは新しい概念ですが，その概念を取り入れて積極的に雇用している法人は全国的には少ないでしょう。そういった意味でピアスタッフは，障がい者の対人援助職としてのイノベーションともいえると考えます。組織論で考えると，職務が細分化し，規則重視の管理をする官僚制組織では，イノベーションは向いていないと指摘されています[7]。一方で即時即応の決定ができるように現場への権限委譲や，中間管理職を減らしてスムーズな情報伝達を行いやすくすること，現場で機動的に対応できるための専門家の活用などができる柔構造化の組織では，新しいことにも取り組みやすくなるといえるでしょう[8]。どのような組織であっても，法人の理解があってこそ現場においてのチーム支援がスムーズとなるのは明らかではないでしょうか。

2つ目の一緒に働く専門職（同僚）との関係ですが，必ずしもすぐにうまく連携がとれるとは限りません。また，雇用されてピアスタッフとなる場合，最初から責任のある役割を与えられるケースは少ないと思われます。その法人にとってプラスとなる内容で本人が労働者としてできることから行っていき，同僚として専門職とコミュニケーションを取りながら互いの強みや連携できるポイントを理解していくことが多いと考えられます。

　さらに下記の事例のように，現場レベルにおいて互いに必要性を感じる経験を積み重ね，その経験を他の職員へ伝えることで，よりリカバリーの経験を活かせる環境を見出すことにつながると思います。

・退院促進において，長年入院しており，地域生活に自信のなかった人が病院のＰＳＷと共に外部からの入院経験のあるピアスタッフとの連携において地域で生活したいという希望が生まれ，地域に移行してQOLが向上したケース

・長期の引きこもりで家族が疲弊し，医師の往診や訪問看護師ではどうにも変化がなかった人が，訪問看護師と共に引きこもり経験のあるピアスタッフが一緒に訪問し，関わる中で家から出られるようになり，日中の活動を充実させて就職をめざしているケース

・就職したが辞めたくなった時に，病状がありながら働き続けるコツや過去の失敗事例をピアスタッフと共有し，働く意欲の向上や辞めたくなった時の対処などを学習し，職場のスタッフと共に環境改善にまで至ったケース

　次に，3つ目のピアスタッフの自己対処能力に関することですが，自己対処と言われても自身の病状を把握することはたやすいことではなく，いくら医療機関でリハビリを一定期間行い，服薬を継続しているからといって必ずしも100％症状に影響されずに働くことができるとは限りません。人がストレスを感じた時に対応できるスキルは症状のあるなしには関係なく，個人として工夫し，自分を深い部分まで理解すること

で様々な可能性が見えてくることもあると思います。その上で，それでも対処が難しい部分や自身の研鑽では何ともしがたい部分を服薬等でカバーし，その苦労の経験やうまくいった方法を他者に伝えることで，ピアスタッフとしてリカバリー経験を活用して働くことにつながると考えています。

ピアスタッフであり，現在就労継続支援B型事業所TERRAにてサービス管理責任者をしている高橋美久氏は，次のように話しています。

「ひだクリニックのデイケアを開始した当初は，通所が本当に困難だった。しかし，いつからか毎日通えるようになっていた。それは自分の居場所ができ，仲間が増え，自分の役割ができる，そんな今までになかった充実感が感じられて当たり前の生活を手に入れていたことが大きいと思う。その大きな要因には，スタッフが病気の有無に関係なく，一人の大人としての関わりを持ってくれたのと同時に「負荷」と「責任」も与えてくれたこともある。もちろん負荷がかかる，責任を持つことはそれだけストレスもかかるが，心理教育や疾患への理解，自己対処をデイケアで学んだことが大きかった[9]。

最後に4つ目の職場内外でも相談ができる環境についてですが，多くのピアスタッフは支援の仕事につくことで，働き甲斐を感じる一方で，自身の経験とも重ねて考える場面や専門職優位な支援の在り方に疑問を感じる場面もありますが言葉にできないことがあります。また，利用者さんや患者さんと専門職との板挟みでストレスを感じ疲弊してしまう場面も多いのではないかと感じています。その際に，その何とも言葉にしにくい状況を理解し，支えてくれる人がいることが大切です」。

そして，この4つの内容等を学ぶ研修が経営者・専門職・ピアスタッフに必要だと考えます。

● ピアスタッフの活躍による今後の可能性

　現状での医療・福祉サービスの提供においては，支援する側・される側という構図があり，生活に困難な部分があっても公共のサービスを利用することに拒否感を感じる人や自ら情報を遮断してしまう人が一定の割合でいると思われます。ピアスタッフが医療・福祉サービスの支援の場で関わることにより，従来のサービスがこれまで以上に対等性や互恵性を重視した支援内容となれば，症状等が早期の段階から病気の経験者であるピアスタッフに相談する人も増えるなど，予防的観点での関わりもできるのではないでしょうか。

　ここでは人が働きやすい環境の一因を取り上げ，ピアスタッフの現状と併せて述べてきました。今後ピアスタッフの活躍の場が拡がることで，どんな人でも多様性を活かして活躍をしながら働くことができる社会の実現への一助となることを期待しています。

文　　献

1 ）西村和芳：障がい者の働きやすい環境の提供．Ceramics Japan，46（2）：95-97，2011.
2 ）松本久良：基礎からわかる経営組織．産業能率大学出版部，東京，p.68-69，96-97，2015.
3 ）ダニエル・ピンク著，大前研一訳：モチベーション 3.0：持続する「やる気！」をいかに引き出すか．講談社，東京，p.62-63，2010.
4 ）みずほ情報総研株式会社：平成 27 年度障害者支援状況等調査研究事業報告書：障害福祉サービス事業等におけるピアサポート活動状況調査．2016.
5 ）独立行政法人高齢・障害・求職者雇用支援機構障害者職業総合センター：障害者の就業状況等に関する調査研究．p.39，2017.
6 ）独立行政法人高齢・障害・求職者雇用支援機構障害者職業総合センター：精神障害者の職場定着及び支援の状況に関する研究．p.110，2014.
7 ）若林直樹：よくわかる組織論．ミネルヴァ書房，京都，p.133，2010.
8 ）本間利通：よくわかる組織論．ミネルヴァ書房，京都，p.145，2010.
9 ）高橋美久：デイケア「るえか」からピアサポート専門員へ：当事者だってやればできるさ，当たり前の生活を目指して．デイケア実践研究，21（1）：113-119，2017.

●●●● 第6章　ピアスタッフの課題と対応

ピアスタッフを取り巻く課題と
それを乗り越え成長するために
── トレーニングとスーパービジョン ──

西村聡彦
日本社会事業大学大学院 社会福祉学研究科

　本稿では，最初にピアスタッフを取り巻く課題をみていきます。そして，トレーニングとスーパービジョンの果たす役割と，スーパービジョン体制の整備に向けてその役割を担う人材のあり方について考えます。さらに，トレーニング，スーパービジョン体制の整備などにより，ピアスタッフが自身の力を存分に発揮し，成長できる職場環境を整えることの重要性について考えていきます。

● ピアスタッフを取り巻く課題

　どんな職種においても，人は誰しも自分の仕事に課題や葛藤，時にジレンマを抱えながら働いています。これらは業務の専門性が高まるほど強まるものでしょう。ピアスタッフも例外ではありません。その特有の専門性や立場により，ピアスタッフにも独自の課題が存在するといわれています。

　なかでも，二重関係，役割葛藤，バウンダリー（境界）と守秘義務の課題はピアスタッフ特有の課題として多くの文献で取り上げられています[1~3]。また，相川[4]はピアスタッフ（文献4の原文ではピアサポーター）の課題を4つの観点からまとめています（表1）。ピアスタッフ

第6章　ピアスタッフの課題と対応　207

表1　ピアサポーターがかかえる課題（文献4より引用）

ピアサポーターの置かれる立場から生じる課題
ポジションのあいまいさから，新たなポジション確立へ
二重関係
役割葛藤と混乱
境界（バウンダリー）と倫理
ピアサポーターの就労環境の課題
採用方法が不明確
一人職場が多い
研修（システム）が（少）ない
スーパービジョン
不安定な仕事量および収入
利用者の立場を失う
ピアサポーターの専門性の課題
「エビデンスである」ということと，専門的サービスを提供するということ
個人的経験の開示というサービス提供
ピアサポーターの置かれる環境の課題
サービス提供者と利用者の権力格差
個別支援体制
アンチリカバリー志向の専門職，他職員の意識，機関の文化
ピアサポーターにとってよい環境をつくるということ

がこれらの課題に直面したときに，自分一人でそれを乗り越える術を見出すのは難しいことです。今日の日本では，課題に押しつぶされてしまい，早期に離職してしまうピアスタッフが多く存在することが問題点として指摘されています[4]。

　表1を見てわかることは，ピアスタッフがかかえる課題は，多くが職場環境に代表されるピアスタッフを取り巻く環境に起因していることです。働く環境が整備されていないなかで，ピアスタッフという立場に立たされた時に，これらの課題が顕在化します。ピアスタッフが課題を乗り越え，成長していくためには，ピアスタッフ個人の努力だけでなく，職場全体で環境を改善していく取り組みが欠かせません。

トレーニングとスーパービジョンの目的と意義

　前述のような課題を克服するためにはトレーニング（研修）や，スー

パービジョンの実施が有効であるとされています[1]。トレーニングは「やりっぱなし」にならないよう，研修の現場で学んだことが仕事の現場で一般化されて役立てられ，そしてその効果を維持することが大事です[5]。また，スーパービジョンの目的は，短期的にはスタッフの専門性やスキル向上にありますが，長期的には機関がクライエントへ提供するサービスの効果性や効率性の向上にあります[6]。つまり，トレーニングもスーパービジョンも，その目指すところは，個人の成長を通じて組織の効果性を向上させることです。ですからピアスタッフにだけ特別に必要なものではなく，全ての職種，すべてのスタッフに必要なものであるといえます。トレーニングやスーパービジョン体制の整備は組織として取り組んでいくべき課題です。

　ピアスタッフにとってトレーニングやスーパービジョン体制が構築されることの意義には，知識・技術・価値などからなるピアスタッフの専門性の維持・向上，そしてこれらの継承があげられます。しかし，実際のところピアスタッフの専門性や業務がまだ確立されていない日本の現状では，これらのエビデンスの積み上げという側面もトレーニングやスーパービジョンを実施する意義と考えることができるでしょう。また，トレーニングやスーパービジョンの体制はピアスタッフにとって働きやすい職場環境をもたらします。

●ピアスタッフがインストラクターやスーパーバイザーを務めることの必要性

　ピアスタッフに対するトレーニングとスーパービジョンでは，同職種のピアスタッフがインストラクター（またはファシリテーター，講師など）やスーパーバイザーとして積極的に関わることが重要です。トレーニングでは，プログラムの企画・計画段階から実施，振り返りまでピアスタッフが関わることでより有益なものとなるでしょう。スーパービジョンでも同様にピアスタッフがスーパーバイザーであることで，有効性

が増すことは想像されます。しかし実際は，スーパーバイザーが違う職種の上司である場合が少なくないようです。こうした状況は多職種が協働している職場では，ピアスタッフに限らず珍しいことではありません。この場合でも異職種のスーパーバイザーの他に，同職種のスーパーバイザー，つまりピアスタッフの場合はピアスタッフのスーパーバイザーもいたほうがよいといわれています。異職種のスーパーバイザーが管理的なスーパービジョンを，同職種のピアスタッフ・スーパーバイザーが専門的なスーパービジョンを提供するわけです[7]。

　こうして経験を積んだ，先を行くピアスタッフが関わることで，それを受ける側のピアスタッフにとってより有益なトレーニングやスーパービジョンが提供されるでしょう。同時にインストラクターやスーパーバイザーの立場のピアスタッフにとっても得るものが多くあることでしょう。

● トレーニングと仕事経験学習

　トレーニングには，雇用前のトレーニング（養成研修）と雇用後のトレーニングが考えられます。ピアスタッフが活躍するためには，特に雇用後の継続したトレーニングが必要です。雇用後のトレーニングは，職場内でのトレーニングと同時に，職場外の研修会などへの参加も重要です。ピアスタッフを対象とした外部研修会への参加などは，他の職場のピアスタッフとの情報交換やネットワーク形成にもつながることから有益でしょう。

　このような公式の場での教育訓練の他に，職場での仕事経験を通じた学習の重要性も指摘されています[8]。仕事を通じた様々な経験から学ぶことで，人は成長しキャリアも発達するというものです。ピアスタッフの特徴は「経験によるエキスパート」[9]としての当事者性にあります。しかし経験は仕事の中での体験を通して日々積み重なっていくもので

す。仕事経験から学ぶことで，その専門性である「経験」に磨きをかけることがピアスタッフにも求められます。そういう意味で，ピアスタッフが様々な経験を積めるような職場環境の整備が求められます。

● スーパービジョン体制の整備にむけて

スーパービジョンには，スーパーバイザーとスーパーバイジーが一対一で行う個人スーパービジョンの他に，グループスーパービジョンやピア・グループ・スーパービジョン，ユニット・スーパービジョンなどの形式があります[6, 10]。ピア・グループ・スーパービジョンは，参加者がグループを作って，対等の立場で行うものです。また，ユニット・スーパービジョンとは一人のスーパーバイジーにスーパーバイザーが複数でスーパービジョンを実施します。これらのスーパービジョンを複合的に，かつ継続的に行っていくことが大事です。

ピアスタッフのスーパービジョンの焦点は，先の表1にあるような課題の他に，セルフケアの維持やピアスタッフの専門性の維持などがあります。ピアスタッフにとって仕事を続ける上でセルフケアは大事であり，スーパービジョンでも取り上げられるべき内容です。また専門性の維持とは，具体的にはリカバリーやピアサポートの価値を確認することです。これらの価値が見失われると，ピアスタッフは単なる「小さな臨床家」と化してしまい，その専門性は薄れてしまいます。こうした「ピアドリフト」と呼ばれる現象を防止することもスーパービジョンの大事な役割です[7]。

スーパービジョンが重要であるという認識は広まっていますが，その体制が整えられている職場はまだ少ないのが現状です。スーパービジョン体制の整備にあたっては2つの課題が考えられます[11]。第一には，同職種スーパーバイザーを担うピアスタッフが日本では数少ないという課題があげられます。短期で辞めてしまうピアスタッフが多く，スーパ

ーバイザーの役割を担うことのできる，経験を積んだピアスタッフが育たないという悪循環が生まれています。その対応策としては，組織外からのピアスタッフによるコンサルテーションの導入が考えられるかもしれません。ピアスタッフのコンサルタントが，職場のリカバリー文化やピアスタッフの業務を評価し，ピアスタッフや他の職員と一緒に改善策を話し合うという形式です。こうしたコンサルテーションでは将来のスーパーバイザーとしての人材の育成を見据えることも大事です。

　第二の課題には，職場においてスーパービジョンとピアサポートが未分化であるという課題があげられます。ピアスタッフが他のピアスタッフに困りごとを相談したり共有したりしてお互いをサポートする関係性はよく見られます。今後はそうしたピアサポート的な関係性だけではなく，スーパービジョンという意図化・構造化した関係性も職場には必要です。スーパービジョン体制の導入には抵抗を覚えるピアスタッフは少なくありません。それはスーパービジョンにおいて前提となるスーパーバイザーとスーパーバイジーの間の階層性がピアサポートの対等性という価値に相反するように見えるからであるようです。しかし，スーパーバイザーがスーパーバイジーの業務に対して責任を持つという役割としての関係性と，両者が個としてお互いを尊重し合う関係性は別物です。スーパービジョン体制とピアサポートの関係性が並存する職場環境を作っていくことが今後は大事です。

ピアスタッフとして活き活きと働くために

　ここまで，どうしたらピアスタッフが働きやすい環境が実現できるかということを考えてきました。しかし，ピアスタッフも数ある職種の一つにすぎません。病気や障害があるからといってピアスタッフだけが職業選択の道であるというわけでは決してありませんし，ピアスタッフとして長く勤めることだけがよいことなのかという議論はあります。それ

でも，職業としてピアスタッフを選んだ以上，そこにやりがいを見出し，自信と誇りを持って働いていくということは，他の職業同様，とても意義あることです。

　ピアスタッフがやりがいを持って活躍できる条件とはなんでしょうか。筆者は2つあると考えます。第一に，自分の仕事に意義を見出すことが考えられます。それには仕事を通じて職場，さらには社会に貢献できていることを実感できることが大切です。第二にはキャリアを発達させ，成長していける仕事環境があげられると考えます。過去の経験に基づいたキャリア形成から，いま現在の職場経験を積むことでキャリアを発達させ，さらに未来の自分のキャリア像を展望できるような，そんな仕事環境がこれからピアスタッフにも必要でしょう。トレーニングやスーパービジョン体制の整備はこれら2つの実現のためでもあります。

　以上のことは全てのスタッフにいえることで，皆が活き活きと働ける，活力ある職場環境の実現が必要です。そうした環境でこそ，ピアスタッフだけでなく各々が自分の将来ビジョンに向かって成長していけるものと考えます。

文　　献

1) Salzer, M.S.: Consumer-delivered services as a best practice in mental health care delivery and the development of practice guidelines. Psychiatric Rehabilitation Skills, 6; 355-382, 2002.
2) Solomon, P.: Peer support / Peer provided services underlying processes, benefits, and critical ingredients. Psychiatric Rehabilitation Journal, 27（4）；392-401, 2004.
3) Miyamoto, Y., Sono, T.: Lessons from peer support among individuals with mental health difficulties: A review of the literature. Clinical Practice & Epidemiology in Mental Health, 8; 22-29, 2012.
4) 相川章子：精神障がいピアサポーター：活動の実際と効果的な養成・育成プログラム．中央法規出版，東京，2013.
5) 中原淳：「職場における学習」の探求．組織科学，48（2）；28-37，2014.
6) Kadushin, A., Harkness, D.: Supervision in social work（5th Ed.）. Columbia Uni-

versity Press, New York, 2014.（福山和女監修，萬歳芙美子，荻野ひろみ監訳：スーパービジョン イン ソーシャルワーク．中央法規出版，東京，2016.）

7）Repper, J.: Peer Support Workers: a practical guide to implementation. ImROC, 2013.（https://imroc.org/resources/7-peer-support-workers-practical-guide-implementation/）

8）谷口智彦：時間的統合によるキャリア上の仕事経験学習の考察．商経学叢，58（1）；83-107，2011.

9）MacLaughlin, H.: What's in a name: 'Client', 'Patient', 'Customer', 'Consumer', 'Expert by Experience', 'Service User'—What's next? British Journal of Social Work, 39; 1101-1117, 2009.

10）福山和女編著：ソーシャルワークのスーパービジョン：人の理解の探求．ミネルヴァ書房，東京，2005.

11）西村聡彦：精神保健福祉領域で働くピアスタッフへのスーパービジョンの機能に関する研究．日本社会事業大学大学院社会福祉学研究科 2017 年度修士論文，2018.

第7章 ピアスタッフの展望

●●● 第7章　ピアスタッフの展望

ピアの活躍を応援しやすい制度を考える

飯野雄治

ピアスタッフネットワーク

　ここでは，ピアスタッフがさらに活躍することを可能とするための制度について考えます。ただし，具体的な制度を提案するのではなく，考える際の手順等について例示します。制度にすることを検討するとき，単に現在，提供されているピアサポートの財源を確保するための制度を創ることが目的とならないようにしましょう。つまり，まずはピアスタッフが活躍する場について，さらに議論し検討するべきでしょう。続いてピアスタッフの人件費の財源やルールの必要性について検討し，既存制度で対応することが不適切な場合に，はじめて制度の創設について検討すべきでしょう。

様々な活躍すべき場面を考えよう

　ピアスタッフの働きかたの現状については，188ページで3類型を紹介しました。しかし，これに含まれない多様な働き方を積極的に検討し，試行されるべきです。たとえ既存の3類型に含まれる場合であっても，より多様な場面を想定し，「ピアスタッフが活躍すべき場面」を議論する必要があると考えます。

　そんな考えから筆者らは，ピアスタッフ養成課程等のワークショップ

において，「ピアスタッフがいたら助かった場面」を参加者自らの経験も踏まえて語り合うプログラムを実施しています。例えば急性期で入院せざるを得ないような場面，あるいは退院直後の場面等において，ピアスタッフの必要性が提案されました。また，筆者らの取組[i]では，精神科医療を利用するかどうかを迷う場面において，「利用している人たちに相談してみたい」というニーズがあることからピアサポートを提供することもあり，精神科医療を利用しないという道を選択した人もいました。

　ピアスタッフを目指す人は福祉あるいは医療機関による雇用を単に待つのではなく，ピアスタッフが必要な場面をさらに探しては，創造するような取り組みが求められています。

● 3 つの学びの場作り

　このように，個々の診断された経験に照らして「ピアスタッフが活躍すべき場面」を検討すべきですが，当事者主動サービスにおいて取り上げられている学びの場として，特に重要な 3 つの「ピアスタッフが活躍すべき場面」を紹介しましょう。

1. リカバリーと幸せの学びの場作り

　まずは，病気や治療でなく，リカバリーや幸せ，健康に焦点を当てるようなピアサポートの場です。これには日本ですでに紹介されているWRAP（元気回復行動プラン）や IMR（疾病管理とリカバリー）の他，BRIDES, PACE, PROCOVERY, Pathways to Recovery など日本にあまり紹介されていないプログラムも含まれます。日本ならば，当事者研究や筆者らが実施する「リカバリーの学校」もこれに含まれると考え

---

i：減薬サポート情報会議：https://www.facebook.com/drug.withdraw

られます。ただし，これら例示に限定せず，「怒りのコントロール方法を学ぶ場」など，その場に参加する当事者たちが必要だと感じた内容とすることが大切です。

2. 一般就労の支援

次に，リカバリーやコミュニティ，地域へつながることを支援することの重要性に鑑み，就労支援が挙げられます。障害者として地域に所属するのではなく，地域に貢献する一員として地域につながることを応援するようなピアサポートを提供することが重要です。これについて，研究成果に基づき授産活動や障害者雇用などの障害者専用の仕事ではない一般就労を効率的に実現する手法 IPS（Individual Placement and Support）が役に立ちます。

3. システム・アドボカシーへの参画

最後は，ピアスタッフとして自治体や国の政策決定に関与する活動が挙げられます。ピアサポートによって提供される安心できる環境があって初めて，アドボカシーについて学び，実践することが可能となるため，アドボカシーは当事者主動サービスの重要な要素の1つだと考えられています。アドボカシーには，自分で自分を守るセルフ・アドボカシー，仲間を守るピア・アドボカシー，そして当事者たちに関係するような社会の仕組みや制度の改善に関与するシステム・アドボカシーがあります。当事者が委員として障害者自立支援協議会[ii]等に参画できるよう専門用語を学び，自分たちの意見を述べる実践的な練習の場を提供し，活躍する人材を育成することでシステム・アドボカシーを実践することもピアスタッフの重要な役割です。

---

ii：総合支援法 89 条の 3 には「地方公共団体は，単独又は共同して，障害者等への支援の体制整備を図るため，関係機関，関係団体並びに障害者等及びその家族並びに障害者等の福祉，医療，教育又は雇用に関連する職務に従事する者その他の関係者により構成される協議会を置くように努めなければならない」と規定されている。

第 7 章　ピアスタッフの展望　219

制度との関係を考える

1. 人件費の必要性や財源を考える

　これら「ピアスタッフが活躍すべき場面」において，ピアスタッフが活躍するための仕組みを検討するにあたっては，まずは次のようなことを考える必要があります。

- ●そのサポートを提供する人は，単に「精神疾患だと診断された経験」と「専門職の資格」との両方を持った支援者（例えば，うつ病の罹患歴がある精神保健福祉士）ではなく，専門のピアスタッフであるべきだろうか？
- ●そのピアサポートを提供するピアスタッフの人件費が確保できれば，活躍できる人はいるだろうか？
- ●取り込まれ現象（190 ページ参照）が起きないようにするためには，誰からピアスタッフに人件費が支払われるべきだろうか？

2. まずは既存制度を活用し，試行しよう

　これら「ピアスタッフが活躍すべき場面」で提供されるピアサポートの多くは，地域活動支援センターや就労継続支援 B 型事業所等の障害福祉サービスとして実施可能であることも多いものです。たとえ，障害福祉サービスとしての報酬の対象とならない場合であっても，自己資金で試行してみることが大切です。試行を通じて初めて，必要なピアサポートの質や量を考えることができます。ピアサポートを提供する場面に応じて，好ましい制度は異なります。場面を特定しないと制度は提案できません。

3. ピアスタッフを孤立させない仕組み作りも必要

　ピアスタッフが孤立しないような仕組みも大切です。そのために，まず人材育成の仕組みが求められます。各都道府県等の予算事業の中で養

成講座が行われているところですが，今後はカリキュラムの内容が問われるでしょう。筆者らは，エビデンスが確認されている当事者主動サービスの人材育成テキストに基づいた連続学習会を実施し，これが複数の団体に広がっています。また，ピアスタッフが相談する場を設ける必要性もあるでしょう。一般的な支援職種は，ベテランの専門職種によるスーパーバイズが想定されますが，当事者主動サービスでは，いわばピアスタッフ同士のピアサポートの場を用意する方法が紹介されています[iii]。

　これら人材育成や育成後の継続的支援の仕組みは，独自に制度化することも可能でしょうが，ピアスタッフの活躍を評価する制度設計にあたり，一体的に創設することを検討する必要がありそうです。

4. フィデリティに基づいた制度設計という選択肢

　すでに184ページで述べたように，制度の創設を検討するとは，具体的な運営基準と報酬を設定することになります。障害者総合支援法における報酬は，職員の給与等，かかる経費そのものではなく，運営基準に基づいて支援した「量」に基づき算定される出来高払いと言えます。ピアスタッフの人件費を報酬として算定する制度を創設する場合は，ピアスタッフの定義を明確にしたうえで，その仕事量を数値化して，適切な報酬を算定する基準を創るという極めて難しい作業が必要になります。

　また，ピアスタッフに限らず，第6章で述べたように福祉・医療サービスの制度を作った場合，現場の支援機関はより多い報酬を得たいがために，サービスの対象者の状況に関係なく制度により算定されるサポートを提供することが目的になりやすい（制度の自己目的化）ものです。そのため，①対象者に適していないサポートが提供されやすくなる（例えば，職場開拓が必要にもかかわらず職業訓練ばかり提供される）こ

---

iii：ピアスタッフネットワークでは，ピアガーデンという呼称で実施している。

と，②算定されるサポートが必要な対象者が，サービスの対象外になる（例えば，働きたいにもかかわらず就労できずに支援を求めている人に対して，就労が難しいことを理由に就労支援サービスの対象外とされる）こと（クリームスキミング現象）が起きやすくなります。また，支援機関を運営する人が専門職である場合は，取り込まれ現象が起きやすい構造となってしまいます。

　これらを解決する方法として，サービスの内容等を数値化した指標で採点する評価尺度（フィデリティ）に基づいた報酬体系を検討することも考えられます。つまり，研究により効果と相関する支援プロセスを解明し，その支援プロセスの実施状況に応じた報酬体系とする方法です。例えば，当事者主動サービスのフィデリティを参考にすれば，「公式のセルフ・アドボカシー講座，またはピアによるセルフ・アドボカシーサポートに参加しているメンバーの割合」「自分は病気で特に能力が低いと見なしているメンバーや地域に心地よくつながり，地域に貢献しているメンバーの割合」等の44項目の採点状況に応じ，報酬が異なる仕組みとするわけです。個々の項目の定義を明確にする必要はありますが，研究成果に基づくことになります。

　より多くの報酬を得ようと制度の自己目的化が起きて採点結果を改善しようとしたとしても，それはより効果的なピアサポートを提供することにつながるため，課題は生じません。また，専門職（あるいはそれに近い立場の人）が経営者となり，ピアスタッフを雇用するという構造があったとしても，ピアスタッフが他の専門職者たちと同じような考え方やものの見方，ふるまい方を身に着けずに，ピアサポートを提供することが採点状況をよくすること，つまりより多くの報酬を得ることにつながるため，取り込まれ現象も起きづらくなることが期待できます。

まとめ

　このように制度化を検討するにあたっては，ピアスタッフがその役割を発揮できる仕組みを考慮する必要があります。さもないとピアスタッフが活躍するつもりで制度を創設することで，むしろピアスタッフが専門職と一緒になって，病気との関係で患者をみる仕組み作りに加担してしまいます。この心配は，すでに全国各地で現実のものとして表面化していると私は認識しています。

第7章　ピアスタッフの展望

●●● 第7章　ピアスタッフの展望

ピアスタッフが働くにあたり 日本で起こり得る困難と課題
──研究の立場から──

宮本有紀

東京大学大学院医学系研究科　精神看護学分野

ピアスタッフがサービス提供組織にいることの効果と世界の流れ

　精神保健サービスを提供する組織にピアスタッフがいることの効果についての研究は多数発表されており，①その精神保健福祉サービスの利用者・患者にもたらされる効果（利用者の自尊心の向上や自身に力があるという感覚，自身の可能性への希望の感覚の増大等）と，②ピアスタッフと共に働く専門職や組織全体にもたらされる効果（患者・利用者に対する理解の深まり，患者・利用者の可能性を信じることができるようになり，組織全体がリカバリー志向へと変化していく）などが言われています[1]。

　精神保健医療のなかで，当事者の力，ピアサポートの力は重視されるようになっており，米国や英国の精神保健サービスでも，精神健康の困難の経験を活かしてサポートにあたる職員（ピアスタッフ）の雇用が進みつつあり，今後日本でもますますピアスタッフが雇用される場面は増えていくと思われます。

ピアスタッフが働くにあたり，日本の現在の状況で起こり得る困難

ピアスタッフが雇用される場面で，現在の日本の状況で起こり得る困難を把握しておくことは，今後の準備をするうえで重要と考えるため，まずはあえて困難について述べていきます。

1. ピアスタッフという職種に関係なく起こり得ること

現在の日本では，ピアスタッフはまだとても新しく，人数の少ない職種です。このため，ピアスタッフであるかどうかは関係なく，以下のようなことが起こり得ます。

①新入職員として

以前から存在している組織に雇用される際には，その組織の新入職員として入職することになります。どのような職種，どのような職場でも，新入職員はその職場に慣れるまでにしばらく時間を要します。それがはじめての就労経験だとしたら，働くということや仕事の文化に慣れるまでにも時間を要する可能性があります。

②少数派職員として

同じ職種・役割の先輩や同僚がいないことは，見習うモデルや相談できる相手を見つけにくく，ストレスになり得ます。また，周囲にとっても，その職種・役割の人に何を依頼できるか，最初はとまどいがあるかもしれません。

2. ピアスタッフであるために起こり得ること

①過剰な期待

現在，日本も含め世界中の精神保健サービスで，本人のリカバリーを大切にして支援をしていこうという機運が高まっており，ピアスタッフは本人のリカバリーを応援するためにとても大事な職種だという理解が広まりつつあります。そのようななか，リカバリー志向のサービスにし

てくれる「救世主」のようにピアスタッフに過剰な期待を抱いたり，組織のリカバリー志向の不足を指摘する係をピアスタッフに担わせてしまったりしないよう，ピアスタッフを雇用する組織は気をつける必要があります。

　リカバリー志向のサービスとなるために，ピアスタッフは強力な存在ではありますが，そのような組織に変化していくために話し合い，努力する必要があるのは全スタッフだということを忘れてはなりません。

　②雇用の不安定さ

　ピアスタッフの雇用は不安定なことが多いのが現状です。日本ではピアスタッフの求人が少なかったり，給料が低かったり，雇用契約の期間が短かったり，職業として長期展望を持ちにくい雇用状況となっている現実があります。これは，ピアスタッフを雇用するような人員配置基準が現在の日本の精神保健システムにはないことが大きく影響しています。そのような現状ではありますが，雇用する組織は，ピアスタッフと他のスタッフとの真の対等な関係性や協働が実現するよう努力を重ねる必要があります。

ピアスタッフが力を発揮できるための環境整備

　どのような職場でも，ピアスタッフが最大の力を発揮できるような環境について考えることはとても重要です。ピアスタッフの力を最大にする環境として，

　①ピアスタッフと共に働く同僚，ピアスタッフ本人が，ピアスタッフの職場での役割や期待されていることについて理解を共有し，話し合う場がある

　②ピアスタッフの存在が，その組織にとって重要であることを管理者が常に表明する

　③ピアスタッフと専門職が，「患者」「支援者」ではなく，「同僚」と

してつきあう

④ピアスタッフが，利用者へのサービスやチームの方針に対して自身の意見を言う場があり，共に働く専門職がピアスタッフの言葉に耳を傾け，話し合う場がある

⑤ピアスタッフがスーパーバイズを受ける機会がある

⑥ピアスタッフが，自身の力を発揮するために必要な合理的配慮を求めることが可能である

⑦ピアスタッフが受けることのできるサポートを，ピアスタッフ以外の職員も受けることができる

などが英国の「ピアサポートワーカーの理論と実践」[2] に挙げられています（これで全てではなく，たくさんあるなかの一部のみ例を挙げました）。

　上記は英国での例ですが，ピアスタッフが力を発揮できるための環境として，日本の職場ではどのようなことを考える必要がありそうか，ピアスタッフとしてすでに働いている人，働きたい人，ピアスタッフを雇用したい人などで話し合い，考えていくことは重要でしょう。

　ピアスタッフは，日本のなかではまだ新しい職種であり，人数も多くはありません。ピアスタッフの役割が明確にされている職場はおそらくとても少なく，ピアスタッフは具体的に何をするのか，どのように活躍できるのかについては，しばらくは試行錯誤が続くと思われます。しかし，利用者への支援として何が重要で，ピアスタッフはどのように活躍できるのかといったことを皆で話し合い，模索していくことは，ピアスタッフはもちろん，ピアスタッフ以外の職員にとっても働きやすい職場となり，よりよいサービスを提供できる組織となっていくための力となると思われます。

文　献

1) 宮本有紀, 佐々木理恵：ピアサポートスタッフが組織にもたらす効果. 日精協誌, 36（10）：26-32, 2017.
2) Repper, J. et al.: Peer Support Workers: Theory and Practice. Centre for Mental Health and the NHS Confederaticn's Mental Health Network, London, 2013.

●●● 第7章　ピアスタッフの展望

アウトリーチ・チームにおける ピアスタッフの展望

岩谷　潤[1]，伊藤順一郎[2]

1）和歌山大学保健センター，2）メンタルヘルス診療所しっぽふぁーれ

「対話」の大切さ

　冒頭から個人的な体験を記して恐縮ですが，2016年秋に横須賀市で開催された「全国ピアスタッフの集い」に参加した時のことを紹介します。そこで私は「実践報告会～ピアスタッフの持つ対人支援力」という分科会に参加しました。司会進行をされていたのが，本書編者の加藤伸輔さんです。当事者，家族，支援者などのさまざまな人が参加するグループワークの時間はとても新鮮で，楽しい時間を過ごしました。それは，各々が思いやアイディアを持ち寄り，お互いの思いを大切にする「対話」が可能だったからだと思います。

　ふだん医師が疾患をもつ人と接する時間のほとんどは，「診療」という枠組みの中にあり，そこでは症状や生活，目標，治療などの話題が主で，他のテーマについて話し合うことは珍しいものです。しかし「対話」の場面では，対人支援についての経験や取り組み，そこでの思いなどを対等に交換できます。そこで行われたのは，場によって，状況によって，さまざまな顔をもつ「人間性」の交流でした。

　ピアスタッフは，アウトリーチ（訪問）・チームの中で，本人の気持ちに寄り添い，家族に希望を示し，チームの力を回復させて強める役割

を担うことができます。それは，精神疾患をもつ「つらさ」を分け合っているという思いや，同じ「人として」の敬意を持ち続けることができるからなのでしょう。そのようなピアスタッフがこれからチームに根づいていくためには，立場を超えた「対話」が必要です。そしていまは，精神科医療のこれからの方向性について，幅広い立場からアイディアを出し合い，どのようなかたちがよいのか，どのように進めていくのかを「対話」することが求められています。

　私がその分科会で体験したのは，そのような精神科医療の「未来」の萌芽でした。そのような，ピアスタッフも含めた「対話」という芽が成長したときに，どのような「未来」が現れるのかをここで考えたいと思います。

ピアスタッフが抱える「ジレンマ」

　まず，ピアスタッフの間，それからチーム内での「対話」が積み重なることで，ピアスタッフの「仕事」を十分に活かすための方法論が形づくられていくことでしょう。チームのなかで対話するとき，自らの経験を活かしながら患者の気持ちに「寄り添い」，特に患者の立場が十分に顧みられていないときにそれを守るピアスタッフの提案は，周囲や他のスタッフ，支援者との意見の相違を見ることもあるでしょうが，そのような意見の相違とそれを超える対話は，チームの「力」を強めていくことができます。

　しかし，経験者として患者の立場を守る役割を担うと同時に，生活者でもあり，医療チームのひとりでもある個々のピアスタッフには，さまざまな立場を理解できるがゆえに「ジレンマ」が大きくなってしまう可能性もあります。職業におけるジレンマが「信念」の揺らぎとなることもあるでしょう。それは，これまでの医療者が「職種を超えて」関わりをもつことの迷いや葛藤以上の大きなジレンマになってしまうかもしれ

ません。それを乗り越えて仕事を続ける経験やスキルを蓄積し，ピアスタッフのネットワークに共有された財産とすることで，ピアスタッフがその力をさらに発揮していけるようになっていくことでしょう。

「対話」の領域は広がっていく

　また，ピアスタッフがともに「対話」する人々の領域は，ますます広くなっていきます。医療や支援を必要としている人々は近年増加しており，その疾患も多様になっています。統合失調症や気分障害に加えて，認知症，不安障害や依存症に苦しむ人々，あるいは「ひきこもり」という像を呈する人々がたくさんいます。

　したがって，本人の苦しんでいる疾患や症状は，ピアスタッフ個人の「経験」と似ているところと，必ずしも似ていないところを併せもちます。精神疾患をもつ者としての経験や，医療を含めて周囲から支えられた経験も，共通する点と異なる点の双方があるでしょう。異なる部分も含めて互いの経験に敬意を払いながら，よい「かかわり」をこれまで以上に多様な人々に提供することが重要となっていきます。

　そのとき，「対話」をともに行う相手は，本人だけでなく，家族，医療や福祉における支援者，さらには地域において関係する人へと広がっていくことでしょう。

　ともに「対話」する人々がいるのは，精神科医療の中だけに限りません。苦しみの中でピアスタッフの「かかわり」を必要としている人々は，さまざまな産業や教育の場にもいます。ピアスタッフのもつ病という経験に，精神科医療のなかで働くという経験が加わったときに，より多くの人の「精神的な健康」への貢献が一層，豊かになっていくでしょうし，それは精神疾患をもつことに対する偏見や引け目（スティグマ）がより少ない社会へと近づくことにもつながっていくでしょう。

精神科医療の変化の契機

　さらにピアスタッフは，精神科医療の制度設計にも貢献していくことでしょう。医療をどのように評価するのかについて，医療を受けた「経験者」の立場からの発言は欠くことができません。その評価を踏まえて，人や施設のサービス，そして財源をどのように配置していくのかという「枠組みづくり」に，ともに働きかけることができればと思います。

　そのようにピアスタッフが大きな役割を果たすというかたちは，サービスの利用者にもピアスタッフにもこれまでの医療者にも，新しい経験となります。その経験のなかでとりわけ専門家は，「支援者」からピアスタッフの「協働」者へと変化することが求められます。

　ピアスタッフと「ともに働く」ことは，病をもつ人と「人間性」を交流しながらつきあうことです。その人のもつ「強み」を活かし，「弱み」を互いに補う。そのようなつきあい方を通じて，これまでの「人を見ずに症状を見る」医療者の人間観は大きく変換していかなければなりません。精神科医療の，医師を頂点としたヒエラルキーは変化し，立場よりも個人を，経験よりも協働という実践を大切にすることが重視されることにもなるでしょう。

　そのように精神科医療の「かたち」が変化する契機となることは，ピアスタッフの「強み」の一つなのかもしれません。そしてそのような変化こそが，ピアスタッフもこれまでの医療者も含めた，これからの精神科医療全体のミッションとなることでしょう。ピアスタッフが集めるであろう「敬意」は，病と闘う「経験者」に対するものだけではありません。「ともに働く」という，共有された経験に裏打ちされた，揺るぎがたい敬意となっていくことでしょう。

まとめ

　ここに述べてきた「展望」は，どれもが容易いというわけではありませんが，そこにアプローチしていくための「対話」という方法を私たちはすでに知っています。ともに目標を立て，何ができるのか，どう近づいていくのかを「対話」し，実践という「協働」を積み重ねていくことは，精神科医療がよりよい方向へ変化し，より幅広い人々に貢献できる「未来」へとつながっていくことでしょう。

　精神科医療は，ピアスタッフという大きな力を得つつあります。ピアスタッフと，これまでの専門職と呼ばれる私たちが，よりよい精神科医療を築けるように「対話」と「協働」が進んでいくことを願ってやみません。

●●● 第7章　ピアスタッフの展望

福祉の立場から

斉藤　剛
特定非営利活動法人レジスト

ピアスタッフと名付けているのは誰？

　私自身は，もっとピアスタッフが増えてほしいと思っていますし，極論を言えば改めて「ピアスタッフです」と名乗る必要もなく当たり前にいるべき存在であると強く思っています。逆に言うと，福祉業界でまだ「ピアスタッフ」「専門職」と区分けをしている時点で，まだまだピアスタッフを「特別な立ち位置」に留めてしまっている側面もあるのかもしれないと思っています。この区分けに関しては，私はどちらかというと専門職側が主導で，"自分たちとは違う存在"として区分けしてしまってきた現状が多分にあると感じています。自戒を込めて，専門職の意識改革は必要だと強く思います。

福祉制度がピアスタッフに追いついてほしい

　前述のように"ピアスタッフの存在が当たり前になれば"と思う反面，福祉業界ではまだピアスタッフを配置したことによる加算や報酬（事業所の収入）などが明確になく，法律での後押しも少ない状態です。これに関しても，個人的な妄想・希望を述べると，報酬の中で加算

のようなものがあれば，働く場の創出はかなり後押しできるかなと思っています。具体的な場面で言うと，例えば相談支援事業などで相談員としてピアスタッフを配置した場合，事業所に加算が付くといったことがあればよいかと思います。わかりやすく名前を付けるとすると「当事者相談員（支援員）配置加算」などがよいのではないでしょうか。そうした金銭的・報酬的な裏付けがあると，雇用主側や専門職側の意識を変えることには大きな追い風になるのではないかと妄想しています。

● ピアスタッフへ伝えたいこと：ピアスタッフの大切な役割

ここで視点をピアスタッフ側に移して，すでに活躍されているピアスタッフの皆さんや関心のある人，これからピアスタッフになろうと考えている人に向けた展望を述べてみたいと思います。

私は，ピアスタッフには「カウンセラー」と「アドボケイター」の2つの大切な役割があると思っています（詳細は後述）。ただ，残念ながら，ここ10年ほど進められてきたピアサポーター養成事業などの副産物として，片方の側面だけが独り歩きしている状態であることは否めないと思っています。その独り歩きによって，「ピアスタッフは自分にはできないな」「難しそうだな」と二の足を踏んでいる人も多くなってしまっているのではないかとすら感じています。その不安を少しでも払拭し，多くのピアスタッフの活躍の場を創出できるよう，以下に説明していきたいと思います。ここを理解できると，ピアスタッフの幅広い活躍の場を考えられるきっかけになるかもしれません。

● 「カウンセラー」と「アドボケイター」

上述のようにピアスタッフには2つの大きな役割があると思っていますが，残念ながらカウンセラーの役割だけが独り歩きしています。その

ためピアスタッフになることへの不安が増しているように思います。

「カウンセラーとしての役割」は，当事者としての経験を糧に相談を受ける立場であり，業界では傾聴・分かち合いなどと言われ，話を聞いたり，相談に応じたりする役割です。

私がピアサポーターに関心を持った10年ほど前，ピアサポーターの活躍が注目され，また社会的入院の退院支援（いわゆる退院促進事業）などでも注目を浴び，各自治体で軒並みピアサポーターの担い手を増やそうとピアサポーター養成の動きが始まりました。その養成の多くは研修・講習などで，カウンセリング場面などで用いられる「ケースワーク」の内容が多く，つまり「傾聴」「話の聞き方」「相談時の受け答え」などの内容が多かったように記憶しています。もちろんピアサポーター，ピアスタッフの持ち味の一つは，経験しているからこそ話が聞ける傾聴という部分もあると思います。ただ，この全国的なこうした養成の動きによって，「ピアスタッフ＝傾聴」というイメージが先行したことは事実だと思います。つまり「傾聴が苦手＝難しい」という風潮になったところもあるように感じます。そのイメージが先行することにより，ピアスタッフとして活躍できる活動の幅や人材を狭めている結果になっているのではないかとも思っているのです。

ピアスタッフは社会の代弁者である

ピアスタッフのもう一方の役割は，「アドボケイターの役割」です。アドボケイト（advocate）は直訳すると擁護者・支持者などを指す言葉で，福祉の世界では自分で権利主張等が難しい高齢者や障害者が本来持っている権利を代弁・擁護して支援する機能をアドボカシー（権利擁護）と呼び，その代弁者のことをアドボケイターと呼んでいます。

私はこのアドボケイトこそ，ピアスタッフが担う最も大切な役割のひとつだと思っています。ピアスタッフのアドボケイトは，何も代わりに

話したりすることではなく，むしろピアスタッフの存在自体がアドボケイトだと思っています。精神障害に対してはまだまだ社会でも偏見が残り，問題を起こすのではないかなどと思っている人がいまだに多いように思います。そうした中で，ピアスタッフの存在，働く姿，語る言葉，それ自体が精神障害を抱えながら社会で働き，生活し，支え合うことができるというある種の啓発になり，そうした偏見を打ち崩すものになりうると思います。

傾聴上手でないアドボケイターピアスタッフ大歓迎

「傾聴がうまくなければ」「当事者性を活かさなければ」「そもそも自分は支援がちゃんとできているか」。そんな悩みを抱えながら働き，プレッシャーに押しつぶされてしまうピアスタッフも多かったかもしれません。しかし，アドボケイトの視点で考えると，ピアスタッフと名乗り，働くことは十分な社会的な意義があるように思います。その意味で，前述のピアスタッフと名乗って区分けしてしまうのはよくないということと矛盾してしまいますが，名乗りながら働くということも一定の意義があることなのかもしれません。

また，アドボケイトは代弁なので，聞き上手でなくても，話が好きな人，話題が豊富な人が講演会やワークショップで経験を語るのも大きな仕事です。「リカバリーストーリーを語る」という言葉もありますが，自らの経験，リカバリーなどを語っていくこと自体もアドボケイトであり，それもまたピアスタッフの役割です。自分の経験を話せばよい，苦労してきたことを話せばよいと言われると，少し安心できる人も増えるかもしれません。

このように，私はピアスタッフの持つアドボケイトの役割も併せて伝えていきたいと思っています。今こそ，ピアスタッフのもつ「傾聴」「アドボケイト」「リカバリー語り」などの様々な側面を相対的に捉え直

し，少しでも「専門職病」でない支援者が増え，福祉業界のピアスタッフの展望が明るくなることを切に願っています。

● ● ● 第 7 章　ピアスタッフの展望

一ピアスタッフの立場から

加藤伸輔

ピアサポートグループ在

　私はピアサポート活動や複数の事業所で職員や講師として働くなかで，ピアスタッフに関心のあるたくさんの人と出会ってきました。そこで感じたのは，ピアスタッフになりたい人も協働したいと考えている人も案外たくさんいるということです。ピアスタッフが活躍するための人的資源はすでにあるといえます。

　しかし，残念ながら現状では，その人的資源は十分に生かされていません。一因として，経済的な後押しがないことが挙げられます。そのため賛否両論はあるものの，資格化や制度化を求める声があり，それを実現するために有能なピアスタッフの人々が積極的に活動しています。

　一方，私は一ピアスタッフの身として現場で活動するなかで，すでにある人的資源を現段階で有効に活用するためには，当事者と事業者との間に潤滑油的な存在があるとよいのではないかと考えるようになりました。そして辿り着いたのが，ピアバンクとピアコンサルテーションという仕組みです。

ピアバンク

　ピアバンクの機能は，次の3つです。

1. 人材バンク

1つ目は，人材バンクとしての機能です。

ピアスタッフの求人が少ない現状において，当事者が一人で求人情報を見つけるのは容易ではありません。一方で，ピアスタッフ雇用の経験のない事業者が自身のニーズに合ったピアスタッフを見つけるのは困難です。

また，雇用はしたものの，事業者の求めるピアスタッフ像と当事者の希望する仕事内容や働き方に齟齬が生じてしまい，ピアスタッフを有効に活用できないという話を聞くことがあります。

ピアバンクは，ピアスタッフを雇用したい事業者から求人の依頼を受け，ピアスタッフになりたい人には登録してもらい，両者の思いを丁寧に聴いたうえでマッチングさせて事業者へ紹介します。これによって，事業者も当事者も，お互いに気持ちよく働くことができるようになるでしょう。

2. 実習の機会の提供

2つ目は，登録した当事者に対して実習先を提供する機能です。

研修を受けただけで，当事者がピアスタッフとして働くことができるのかと不安を語る事業者が多くいます。一方で，自分にピアスタッフとしての適性があるかと不安を抱える人もたくさんいます。ピアバンクが実習の機会を提供し，両者の思いをすり合わせることで，その不安は解消できるでしょう。言うまでもありませんが，実習先には「本物の」ピアスタッフがいなくてはなりません。

また，利用者からピアスタッフとして働けそうな人をスカウトする，いわゆる「一本釣り」という雇用の仕方を取り入れている事業所があります。雇用する前に事業者が当事者の状態を把握し，信用を担保できるというメリットがあります。しかし，一本釣りで雇用されたピアスタッフには多重関係（本書第3章相川）に陥って潰れてしまうという危険性

があります。事業者の代わりにピアバンクが当事者の信用を担保することができれば，このような問題も解消できるでしょう。

3. スーパービジョンの場の提供

3つ目は，ピアスタッフに対してスーパービジョン（本書第6章西村）の場を提供する機能です。

ピアスタッフ雇用には，当事者がピアスタッフという立ち位置で働くなかで抱える不安や葛藤を解消できず，継続して働くことが難しいという問題があります。一因として，スーパービジョンのような雇用後のフォローアップ体制が十分に整っていないことが挙げられます。

スーパービジョンは協働する専門職の人ではなく，熟練したピアスタッフがスーパーバイザーになったほうがより効果的なのですが，そのようなことができる存在はまだまだ多くありません。

ピアバンクが熟練したピアスタッフと連絡調整し，スーパービジョンを必要とする人に，その場を提供する役割を担えるとよいでしょう。

また，同じ程度の経験のあるピアスタッフがお互いにスーパービジョンを行う，ピアスーパービジョンの場を提供することも大切です。

さらには，現在，ピアサポートグループ在で行っているピアスタッフミーティングのような，ピアスタッフ，ピアスタッフと協働している人，ピアスタッフとの協働を希望している人が集い，相互に語り，支え，学びながら，みんなが「いい感じ」で働くことができるようにサポートし合う場も提供できれば，ピアスタッフが活躍する場は広がっていくことでしょう。

ピアコンサルテーション

「ピアスタッフの必要性を感じてせっかく雇用に漕ぎつけたのに，ピアスタッフの専門性を生かせているかわからない」という事業者の困惑

の声を聞くことがあります。

　ピアスタッフに対するスーパービジョンという直接的なサポートだけでなく，事業者に対しても何らかの働きかけをする必要があるのではないかという思いから生まれたのが，ピアコンサルテーションです。

　ピアコンサルテーションの仕組みを図1に示します。ピアスタッフとの連携，対応，関わりに対して行き詰まりを感じている事業者などの相談者（以下，コンサルティ）からの依頼を受けて，ピアコンサルタントが彼らと共に問題や状況について検討し，より効果的にピアスタッフと協働できるようにサポートしていきます。

　ピアコンサルタントの仕事は，コンサルティを尊重しながら，彼らの置かれている状況や言い分を丁寧に聴いたうえで，彼らの力量を考慮しながら，現段階でできることをアドバイスすることです。コンサルティ自身がピアスタッフへの理解を深めて，ピアスタッフとの間に起こる問題に対処できるようになることを目指していきます。

　ピアコンサルタントは，ピアスタッフやピアサポートに関する知識と経験のあるエキスパートである必要があります。さらに，制度や経営に

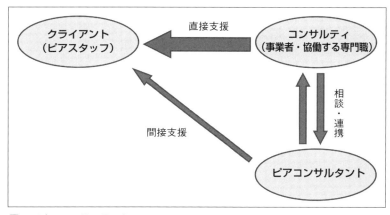

図1　ピアコンサルテーション

ついての知識も駆使しながら，組織の状況を把握し，根底にある問題を見出したうえで，コンサルティと協働していくというコンサルテーションの技術も求められます。

おわりに

　私は，協働することそのものが，ピアスタッフである当事者にとっても，雇用する事業者にとっても，リカバリーの促進につながるのでないかと考えます。

　ピアバンクやピアコンサルテーションは，ピアスタッフとして働きたい人とピアスタッフを雇用したいと考えている事業者との間に立ち，調整，仲介，相談役として，働く場に安心と安全をもたらし，サービスの質を高める潤滑油となり得ます。

　これらの仕組みを上手に機能させていくためには，組織化し取り組んでいくことが必要だと私は考えています。しかしそこには，経済的な課題と，社会とのネットワークづくりの課題があります。

　既存の仕組みを上手に活かしていくとともに，ピアバンクやピアコンサルテーションの機能の有用性を期待し，後押ししてくれるフォーマル（行政の独自事業など），インフォーマル（CSR 活動など）を含めた，さらなる資源との協働が解決の糸口になるでしょう。

　ピアスタッフから紡ぎ出される人と人とのつながりが，リカバリーを望むすべての人たちにとって，自分らしく，あたたかな暮らしを送っていけるきっかけになることを，一ピアスタッフの身として私は期待しています。

第8章 座談会

●●● 第8章　座談会

ピアスタッフ×大学教員 / 看護師×医師 ×ソーシャルワーカーによる座談会
──多職種の対話でみえてくること──

岩谷　潤，斉藤　剛，宮本有紀，加藤伸輔
（精神科医師）　（社会福祉士）　（大学教員）　（ピアスタッフ）

● 座談会をはじめるにあたって

加藤　本日はお集まりいただき，ありがとうございます。この本を発刊するにあたり，ピアスタッフとゆかりのある方々にお集まりいただき，座談会を掲載しようということになりました。どんな展開になっていくかとても楽しみです。本日はよろしくお願いします。まずは，ピアスタッフとの関わりを軸に，簡単な自己紹介から始めていきましょう。

私は，仲間と一緒に，ピアサポートグループ在（ざい）を運営し，主にピアミーティングを開催する活動をしています。同時に，横浜市にある生活支援センター西でピアスタッフとして働いています。また，複数の事業者と契約し，ピアミーティングや WRAP のクラスを担当しています。他には，自身の体験に基づいて，リカバリーやピアサポートに関する講演や執筆，WRAP ファシリテーター，ピアサポーター研修の講師なども行っています。ピアサポーターでありピアスタッフでもあるという立ち位置です。

宮本　私は元精神科看護師で，現在は東京大学で教員をしています。ピアサポートの話や，アメリカでピアスタッフという人たちが働いていることを知ったのは，WRAP（元気回復行動プラン）に出会い，ファ

加藤伸輔
ピアサポーター／ピアスタッフ。うつ病，統合失調症という診断を経て，双極性障害と診断されるまでに13年を要した。その後，自身の障がいを受け入れてリカバリーの道を歩む。現在は，ピアサポートグループ在（http://zaipsg.wpblog.jp/）の運営をはじめ，ウェルネスを目指した活動に取り組みながらピアスタッフとしても働いている。自身の経験に基づく講演・執筆活動も積極的に行っている。

シリテーター研修のお手伝いをするようになった頃です。
　ピアサポートの関係性から医療や看護の関係者も学ぶことがたくさんあるのではないか。そんな思いがあり，今ピアサポートについていろいろ学んでいるところです。

岩谷　私は精神科の医師です。今は，千葉県の「しっぽふぁーれ」という診療所で訪問をメインに仕事をしています。精神科の医師の働き方としては日本では珍しいようです。私自身がピアスタッフについての専門家というわけではないのですが，しっぽふぁーれが連携している訪問看護ステーション ACT-J にピアスタッフがいて，その人と一緒に仕事をするという経験をしているところです。ACT は，重い精神疾患をもつ人のためにつくられたもので，日本では包括的地域生活支援プログラムと呼ばれています。

斉藤　私は川崎にある NPO 法人レジストの理事長をしています。「レジネス」と「店舗 Bremen」2ヵ所の就労継続支援B型事業所，グループホーム「ピアライフ」を運営し，ピアスタッフの雇用主，ソーシャルワーカーという2つの立場でピアスタッフと関わっています。
　法人の職員は私を含めて約10名です。そのうち，精神障害者保健福祉手帳を持ったピアスタッフと呼ばれるスタッフが6〜7名います。で

宮本有紀
東京大学大学院医学系研究科精神看護学分野で精神保健看護の教育と研究に携わる。多様な視点がそれぞれ価値あるものとして扱われ，新しいものが生まれるような場や，それぞれの主体性を発揮しながら過ごせるような，人と人との関係性や対話のあり方に関心がある。「意図的なピアサポート（Intentional Peer Support: IPS）」に取り組みながら，ピアサポートについて学んでいる。

すから，法人全体の半数以上がピアスタッフという形で事業運営をしている法人になります。

加藤 みなさんが，それぞれ異なる立場でピアスタッフと関わりがあるので，多面的な視点でお話ができそうですね。

ピアサポートとピアスタッフ

加藤 まず，私の素朴な疑問から始めたいと思います。私はピアサポート活動をすることとピアスタッフとして働くことは，別物だと感じています。

具体的に言うと，ピアサポートというのは，同様の経験をした人同士が対等な関係でお互い支え合うことを意味するのに対して，ピアスタッフと利用者は，どうしても「支援する―される」の関係になってしまい，そこには対等性や相互性が成り立たなくなってしまうのではないかと思うのです。みなさんはどのように思われますか？

斉藤 私自身は，両方の人たちと関わった経験があります。もともと今の法人を立ち上げる前，ピアサポーター養成研修に関わった経験からピアサポーターを目指す人と自助グループを立ち上げ，一緒に活動して

岩谷　潤
精神科医。社会学や心理学を学びながらぜんかれん（現みんなねっと・コンボ）などのアルバイトを経て，30代で医学部を卒業。和歌山県の大学附属病院や精神科救急を担う公立病院に勤務後，訪問診療や多職種チームの可能性を信じて退職，千葉県の訪問型診療所・しっぽふぁーれで経験を積んだ。現在，ピアサポート活動のある和歌山大学保健センターに勤務，複数の診療所で訪問診療も行う。

いたというバックグラウンドがあります。当時そのグループでは主にピアミーティング活動をしていて自由に話し合いをする交流会のような会を開催していました。しかし予算的な事情や担い手の不足もあり，グループメンバーを中心に就労継続支援B型事業所を立ち上げ，事業化することでなんとか場を継続させることになりました。

事業化することで，当時グループの仲間だった当事者がいわゆるピアスタッフとなり，私が雇用主の立場で，ピアスタッフは対価として給料がもらえるようになりました。しかし，やっていくうちに，それまでの自由なところや，お互いに支え合い，助け合っていたというピアサポートの利点が薄れていっているという感覚になりました。ピアスタッフという肩書がついたのはよいことだと思うのですが，そこで「これでいいのだろうか」という感情がふつふつと出てきたのです。

ピアサポート活動もピアスタッフもどちらもよい部分はあります。しかし，本来の大切な部分，具体的には，時には助け，時には助けられ，お互いが回復していくという専門職の支援では成り立ちにくい要素が消えてしまいます。ピアスタッフには，諸刃の剣のようなものがあると感じています。

宮本　私も加藤さんと同じで，ピアサポート活動とピアスタッフは別

斉藤　剛
社会福祉士。明治学院大学　社会福祉学科卒。知的障がい・高齢等多分野で勤務し，精神障がい当事者活動に関心をもつ。ピアグループ立ち上げ支援を経て，NPO法人レジストを設立し理事長就任（ソーシャルワーカー兼任）。当事者主体の福祉を目指し神奈川県川崎市でピアスタッフ雇用（障害者雇用）する福祉事業所等運営。講演・支援者のメンタルヘルス活動も行う。

物だと思っています。ピアスタッフは，「ピアサポートスタッフ」と呼ばれ，ピアサポートをするスタッフという捉え方になりがちです。その側面ももちろんあると思いますが，双方向のピアサポートと，支援をするスタッフとして雇用されるピアスタッフとは違う部分があります。つまり，ピアサポートスタッフは，ピアサポートをする役割を期待されて雇われるわけですが，ピアサポートに給料が発生するというところで，純粋に双方向で生じるピアサポートとは関係が違ってしまうと思います。仕事としてのピアサポートと，自然発生的に行っているピアサポートとは全く同じとは言えないように思うのです。ただし，やはり人として，自然に湧き出る感情は，仕事として接していてもあると思います。仕事としてケアをするという部分がありつつも，人として目の前で苦しい思いをしている人がいると，自分も心が痛む。それは給料の有無に関係なく湧き出る感情で，そういった人として自然に湧き出る感情はどのような形でのピアサポートでも根底にある大事なものだと思います。

　岩谷　狭義のピアサポートは斉藤さんが取り組まれていたような，より対等な立場，双方向的なものを重視した定義になるのだと思います。その中では，ピアサポートの関係性は保たれやすくなりますが，同時に経営的な問題も生じやすくなります。

一方で，賃金の発生するピアスタッフは，広義のピアサポートにあたるのだと思います。そこでピアサポートの関係性が全く失われてしまうのかというとそういうわけではなく，似た経験をしているからこそ，ある程度その関係性を保つことは可能だと思います。ただしそこでは，利用者に対してロールモデルになれると同時に，「相互性や対等性のある仲間」という意義が薄れてしまう危険性があるのでしょう。

　さらにもっと広義では，医療者や医療者以外の人とも，本来は対等な仲間という関係がこれまでもあったはずなのに，それを活かすことが現在までほとんどできず，立場の違いが大きく優先されてしまいました。ピアサポートではそうではなく，似た体験をもつことや対等な関係性をしっかりと活かせる形にしていかなければならないのでしょう。

⬤ ピアスタッフの持ち味

　加藤　岩谷さんが連携されている ACT-J には，ピアスタッフがいらっしゃいますよね。医療の現場でピアスタッフと一緒に働いている人は，あまり多くはないと思います。岩谷さんから見て，ピアスタッフの持ち味とはどういうものだと思われますか？

　岩谷　同僚のピアスタッフといろいろな仕事を一緒にしていく中で，私も勉強になるし，彼の仕事ぶりや考え方，行動に感嘆させられることがあります。それは彼が，自分の経験から生まれる視点を発言や行動，つまり仕事に表現できるからだと思います。そういう話をすると，ピアスタッフという「仕事の仕方」がすごいのか，彼という「個人」がすごいのか，とよく聞かれるのですが，私は，彼自身の能力も，ピアスタッフとしての役割の大切さもどちらもあって，これまでの彼の仕事があるので，両者の区別をつけきることはできないんだろうなと思っています。医療において「結果」は大切ですから，よい結果につなげる力のあるスタッフは大切です。

斉藤 うちの事業所の場合，ピアスタッフであることを前面に押し出してピアサポートをしたいという人は，あまり長続きしない印象です。自分は病気の経験を切り売りするんだと意気込んで入ってきてしまう人は，どこかでブラックホール的な出口の見えない苦労や，バーンアウトといわれる燃え尽き症候群に陥りがちになる確率が高いように感じます。時には助けられることがよさだということに気づけなくなるのでしょうか。それよりも，人として自分の経験をどれだけ活かせるか，その経験の中に当事者性というスキルがあるんだ，くらいの感覚で仕事をしてくれている人のほうが，長続きしていますね。

それと，うちの事業所で月1回行っているピアミーティングで，加藤さんにファシリテーターをお願いしていますが，お願いした理由は「加藤さんだったらできるのではないか」と思ったからです。単純に，話の引き出し方がうまいなと思ったのが第一で，当事者だからという理由だけで頼んだわけではありません。

うちのスタッフも，この仕事はこの人にやってもらいたい。経験があるのなら，ついでに活かしてもらいたい。そんな感覚でやってもらっています。そのほうが雇用主も働いている側もお互い無理なく長続きができるというのが，これまでの実感です。

宮本 たとえば，対人援助をするときにも，「子育て経験があります」とか，「親を介護していました」とかも対人援助において貴重な経験だと思うのですが，子育て経験がある人だったら誰でも子育て中の人をうまく援助できるとか，子どもに関わるのが得意というわけではないですよね。その人の魅力だったり対人援助の技術があって，さらにその経験が活きる，ということだと思います。それはピアスタッフでも同じように思います。

加藤 宮本さんのおっしゃる通りだと思います。精神障がいの経験があるというだけでピアスタッフとして働くのは，難しいことだと実感しています。その経験の活かし方，たとえば，どんなときに体験を語るの

か，あるいは語らないのか，どのような伝え方をするかというような技術がピアスタッフには求められるのではないでしょうか。その技術によってピアスタッフ個々人の経験は活かされ，その持ち味を発揮できるのだと思います。

● ピアスタッフは必要か

加藤　みなさんに核心的な質問を投げかけてみたいと思います。そもそも，ピアスタッフは必要でしょうか？　必要だとすれば，ピアスタッフがいることでどのようなメリットがあると思われますか？

宮本　私は，究極的にはピアスタッフは必要ではなくなる，つまりピアスタッフがいるかどうかに関わらず利用者の気持ちに添う良いサービスが提供されるようになるのがベストだと思っています。今の医療福祉サービスでは，利用者への共感が難しい，利用者の気持ちに思いを馳せることができていないということがあります。しかし，ピアスタッフがいれば，「こういうときってこういう気持ちだよ」と言葉で教える，いわば"通訳"をしてくれるのです。そういう人がいて，初めて当事者の経験や気持ちを理解できます。そこはピアスタッフがいてくれるメリットです。

　医療者は，精神疾患の症状に関してはよく知っています。ただ，病気になるとか，あるいはそういう状態に追い込まれるというのはどういうことなのか。自分が孤独だとか，これからずっとこうなのだろうかと悩む。あるいは自分の大事な家族から離れざるを得なかったり，仕事をやめなければいけなくなったりする。簡単な言葉では言えませんが，たとえば「絶望」という感覚は医療者にはなかなか想像できないのではないでしょうか。孤立していることにもなかなか気づけないのです。残念ながら今の精神科医療は薬がメインです。それは症状に対するものであって，絶望などの感情に効くものではありません。

生きていくうえでの苦しさなどには気づけないまま，医療が全部やります，全部わかっていますというような態度になっているところがあるのではないかと思うのです。ピアスタッフはその部分で，「こんな屈辱的な気持ちになるよ」「家族と離れるってこういうことだよ」ということがわかるのです。医療者がその気持ちがわからずに少し無神経になっているところに対して，ピアスタッフが響き合えるのではないかと思うのです。

斉藤　モヤモヤしていたのはそこだったのかと，宮本さんの"通訳"という言葉がすごく腑に落ちました。極論を言えばピアスタッフと名乗らなくてよくなる日が来ればよいと思います。最終的には，ピアサポートの経験がソーシャルワークや医療の世界に盛り込まれればよいのです。ユーザーの目線でサービスを作るというのはどこの業界でも当たり前のことなのに，なぜ福祉，特に精神障がいの分野では生まれないのだろうというのが目下の疑問です。

　それはなぜかと考えると，やはり対極にヒエラルキーがあるからではないかと仮説を立てています。医師がいて，看護師がいて，われわれソーシャルワーカーがいて，利用者がいる。それが私のイメージの中のヒエラルキーですが，病気の経験のない人たちが，今の制度設計を作っています。そうなると，その経験をしたことがない人の考え方に寄せた制度になってしまいます。そこに疾患や障がいの経験をした人が入ると，言い方が適切ではないかもしれませんが，ちょっとした脅威というか，怖れが生まれるのではないかと思います。病気の経験のある人にソーシャルワークをされたら，われわれが必死にやってきたことはどうなってしまうのだろうかと。そうすると，その線引きとして，「ピアスタッフ」と肩書きをつけがちになる。

　私の中の結論としては，いわゆる「専門職」側が「ピアスタッフ」と言いたがるのではないかということです。本人たちは，「自分はピアスタッフです」と言って働いているわけではありません。普通に仕事がし

たくて，病気の経験を活かしたいだけなのではないでしょうか。

岩谷 これまでの精神科医療はまさにヒエラルキーの強い場所で，利用者よりも医療者のほうが立場として上，という形でやっていました。ですから，医療者なり支援者なりがプランを立てて，その上に利用者に乗ってもらう，という文化になっていたと思います。

ただ，そもそも患者や利用者は孤立しがちだと思います。病気になって，疾患をもつ者として周囲との関係が変わるという経験もあって，さらに孤立する，そうするとますます回復から遠ざかる。そうした悪循環を断ち切る，孤立を防ぐという大切なことを，医療者は十分にはやってこられませんでした。まず，孤立を弱める，防ぐためにピアスタッフは必要です。

ただし，いま進んできている「これまでの医療者＋ピアスタッフ＋利用者」という形が，これからもずっとベストなのかというと，そうとは限りません。ピアスタッフが増えていくという現在の流れは，当事者の思いを通訳する者がおらず孤立も防いでこられなかった，そんなこれまでの医療ができなかったことをまず埋める役割と考えると，目指すべきその先があるはずです。

将来的には，医療者の役割が相対的に小さくなっていくという選択肢もあるのかもしれません。当事者やピアスタッフの役割が大きくなっていくように，ある程度しっかりとした仕組みを皆で話し合ってつくることができて，さらにそこから，皆が孤立せず，お互いのことを考えたり，自分のことを大事にしたりということを，当事者も周囲の人もピアスタッフも普通に行うようになっていけば，医療者の役割だけでなく，ピアスタッフという名目や役割もいつか小さくなっていくのかもしれません。その結果を現在と比較したら，どちらがよいのだろうかと思います。

宮本 岩谷さんが，利用者が孤立しているとおっしゃっていましたが，医療者もまた孤立している面はあると思います。病院で働いている

と，入院している人たちが退院後またしっかり働いているとか，地域で暮らしているというイメージがわかないのです。目の前の入院している方たちだけを見ているので，その後の姿が想像できないのです。病院の中で働いている医療者は，病院の中に隔離されてしまっていて，医療者自体が孤立しているという側面もあるのだろうと思います。

　加藤　利用者も医療者も孤立しているなかで，その両者に寄りそうことができるのがピアスタッフということでしょうか。さらに，離れ離れになってしまっている両者をつなぐことで，リカバリーに息吹きをもたらすことができる。このような意味においても，ピアスタッフは必要な存在だと言えますね。

● 合理的配慮

　斉藤　雇用や職場環境という観点で，"合理的配慮"という言葉をよく聞きます。それは，簡単に言うと障がいを持っていても，企業はその障がいにあった配慮をしなさいということですが，その合理的配慮の先端を行っている存在がピアスタッフだと思います。

　われわれ専門職は，病気の経験がないために，本当にみんなに共感が得られるような支援ができているのかと常に自問自答しています。それは孤独な作業です。でもその職場に，病気の経験を持ったピアスタッフがいることによって，当然のように合理的配慮をしてくれます。経験があるので，自分ならこうするという発想で職場が作られる。ピアスタッフが職場を溶かし，温めていくのです。うちの職場でもそうですが，当たり前のように，病気や苦労の話ができる職場環境になっていきます。

　朝，出勤してきて，ピアスタッフが「今日はちょっと具合が悪いので，1日できそうもありません」という話を当たり前にしています。それに対して私が「最近僕もちょっと頭が痛くて」と言うと，ピアスタッフから「大丈夫ですか？　最近ちょっと忙しすぎるんじゃないです

か？」と言われます。ワーカーなのに合理的配慮をされているのです。そういう環境を作れるという意味では，一企業一部署，または一福祉事業所に1人はピアスタッフが必要ではないかとも思います。そうすれば職場環境も変わってきます。私たちもちょっと荷が下ろせるという安心感があります。専門職としては，利用者を前にして，「今日はちょっと具合が悪いので，相談打ち切りにしてもらっていいですか？」とは言えません。それを自然な形で成しえるのがピアスタッフの，最大の武器だと思います。

加藤　医療者やワーカーは，利用者の前で弱みを見せてはいけないと教育されてきたと聞いたことがあります。たしかに，やみくもに弱みを見せられても心配してしまいますが，私が利用者として支援者と接していたときに，少し弱みが見えたり，ぐちを聞けたりしたときは，人間味を感じて，かえって親近感が湧き，安心や信頼ができたのを思い出しました。

斉藤　今回の座談会にあたって，うちの事業所で緊急ミーティングをして，5人のメンバーに集まってもらい，「どんなピアスタッフだったらいいと思いますか？」と聞いてみました。そうしたら，「安心感」「雑談などのおしゃべりができる」という言葉がまず出ました。これは意外でした。私の予想ではもっと，相談スキルや問題解決スキルといった技術的なところが出てくると思っていました。その意味では，福祉現場に気持ちのうえでフランクに話や関わりができる人がいるということは必要なんだと思います。

　それから，病気の経験があるので，「自分の体調に合わせたアドバイスをしてくれるのではないか」というのもありました。体調に合わせていろいろな会話ができるというのはメリットで，それは私たち専門職と言われている人たちが一番苦手なところです。ですから，専門職はある意味で「経験に勝るものはない」と負けを認めたほうがよいと思います。これは，私自身もやろうと思ってもできないことですが。

ピアスタッフの資格化

加藤　いま，ピアスタッフの資格化の動きがあります。このことについてはどう思われますか？

斉藤　私たちには病気の経験がないから，知識で埋めるしかないわけです。ですから，研修や仕事の経験年数を積み重ねて，資格化せざるを得ないのです。せっかく経験があって，それを活かせる武器を持っているのに，資格に当てはめてしまったら，同じようにヒエラルキーを生んでしまいます。ピアスタッフをやりたい人の中でも，どんどんスキルアップしていく人が生まれていって，ヒエラルキーが生まれていくのは，同じ図式になってしまいます。

岩谷　ピアスタッフ歴 10 年の人より，ピアスタッフ歴 30 年の人のほうが立場として上になってしまうということですよね。

加藤　ピアスタッフとして働いても給料が安くて，経済的に自立できない現状があることも，資格化が検討されている理由の一つだと思います。

斉藤さんがよくおっしゃっていることですが，やはり福祉業界は資格ありきの面が強いです。実際，今ピアスタッフの第一線で活躍されている人の多くは，精神保健福祉士や社会福祉士の資格を持っており，わたしの周りにも資格取得を目指しているピアスタッフがたくさんいます。ピアスタッフとして一生懸命仕事をすればするほど，資格を取りたいという気持ちになるのかもしれません。もちろん，仕事をしていくなかでソーシャルワーカーとしての専門性を身につけたいという気持ちになることもあるでしょうが，資格を取ることが給料アップにつながるというのもあると思います。

それと，福祉業界では，給料ベースは経験年数によって決まることが多いようです。対人支援の経験がない当事者がピアスタッフになっても，障がいと向き合ってきた経験は考慮されず，給与ベースは最低ラン

クになってしまいます。

　わたしは 40 歳過ぎで社会復帰しましたが，現在の給料だけで生活するのは厳しく，障害年金を頼りにしなければならないのが現状です。一人で暮らすことはできたとしても，結婚して子どもを育てるというのはとても大変なことだと思っています。ピアスタッフとして働くことで障がいからのリカバリーはできたとしても，人としてリカバリーするのには限界があるのではないかと考えてしまうことがよくあります。

宮本　実際ピアスタッフとして働いている人の給料が他の職種よりも安い，雇用形態が不安定などの残念な扱いを受けているという話も聞いています。そういったことを解消したくて，資格化に取り組んでいる団体もあるのは確かです。しかし，先ほど斉藤さんがおっしゃっていたように，雑談ができるとか，体調に合わせて助言してくれるというのは，「ピア」，つまり似たような経験のある人であればできるのかという点と，そして逆に，ピアスタッフでなければできないのかという点，どちらもピアスタッフを考える上で大事かなと思います。

● ピアスタッフの経験は人それぞれ

加藤　ピアスタッフとして働いている人の経験を「ピアスタッフの専門性」という言葉で一まとめにしてしまうところに無理があるのではないかと感じています。そうすることで，かえってピアスタッフという存在がぼやけてしまうような気がします。

斉藤　「浦河べてるの家」の当事者研究では，自己病名という考え方があり，自分自身で自分の病名をつけています。ピアスタッフも，自分の強みを自分で理解して，「私は○○型のピアスタッフで行きます」と自分で型を作ってもよいのかもしれません。

宮本　ピアスタッフというのは，日本ではまだ新しい取り組みです。そこで感じるのは，この先ベテランのピアスタッフといった形で，その

人を疾患を経験したピアという専門性だけに閉じ込めてしまってよいのかということです。たとえば看護師30年のベテランというのと，ピアスタッフ歴30年というのを考えたとき，「ピアである，精神疾患を経験したことがあるということがあなたの特徴だよね」という目で周りが見続けるのはどうかと思うのです。ピアとして，疾患経験者としてという枠だけでくくり続けるのではなく，対人援助職としてであれば対人援助歴が30年というように扱われてほしいように思っています。

加藤 私自身，この先ずっと「双極性障害の加藤伸輔」という見方をされるのは嫌ですね。最近は，自分で自分のことを障がい者という枠に押し込まないように意識しています。また，ピアスタッフとして働くこと以外の可能性を手放したくないとも思っています。

岩谷 ピアスタッフというものも，時代の中で通り過ぎていくものなのでしょうね。ピアスタッフという肩書は，終の棲家ではなく，通り抜けるものになるような気がします。

ピアスタッフが活躍していくには

加藤 これから日本でピアスタッフが活躍していくためには，どうしたらよいでしょう？

岩谷 昔，病院で仕事をしていたときに，外来には来てくれるのですが，診察室で話さない，という患者さんがいました。言いたいことは紙に書いて渡してくれるのです。でも実際には，場面や相手によって話をすることができるのです。ある状況で，他の患者さんと声を出して話をしている，ということがありました。それで思うのは，私たち専門家が提供できることの範囲は実は相当に狭いんじゃないか。この人に本当に必要なのは，私たちの「治療」以上に，似た立場として話ができる相手がたくさんいることなのではないか。つながる相手としてピアスタッフがいてくれるのなら，それは医師や看護師ではできない大事な役割だろ

うと思いました。ピアスタッフの必要性を認識するということは，医療者が自分たちの限界を認識することにとても近いような気がします。

斉藤　ピアスタッフは専門職主導の上下関係の支援を「共働」へ，つまり相互で支えあう支援に広げるための存在だと思っています。専門職は，病気の経験というところでは負けを認めて，鎧を脱ぐことです。私たちの職場では，当事者研究という活動に取り組んでいて，私はいつも自分たちのことを「専門職病」と呼んでいます。自分を専門職だと意識しすぎてしまい，支援しなくては，結果を出さなくてはと先回りをするあまりに当事者の自主性を奪い，優位に立ってしまうことでどうしても自分自身で見えないヒエラルキーを作り上げてしまうのです。そういったことを自覚して，限界を認めて，「経験がないので，一緒に悩みましょう」と言える環境や制度設計になればよいと思います。

宮本　たとえば米国には，ピアスタッフやピアが運営しているサービスがいろいろあります。また私が今，関心を持っているリカバリー・カレッジというのがありまして，英国や世界で大きく広がってきています。私が考えるに，こんなに広がってきているのは，リカバリー・カレッジの理念が，疾患経験のある当事者も専門職も両方いなくてはいけないというモデルだったからです。どちらも必要というのは，既存のサービスにも受け入れやすいのだと思います。

　誰も排除しないし，誰のことも脅かさないということは大事なのだと思います。

加藤　わたしが活動している中で感じているのは，ピアスタッフになりたい人も雇用したいと考えている人も，すでにたくさんいるということです。そのような既存の資源を活かしていくための仕組みづくりが必要だと思います。

　また，流行だからという感じで，理解があいまいなまま，ピアスタッフの雇用が広がっていくのは危険だと考えています。安易にピアスタッフを雇用することは利用者のリカバリーをサポートするどころか，阻害

しかねません。まずは，関わるすべての人が，ピアスタッフについて学ぶことが大切だと思います。

座談会を通して

加藤　最後に，今日の座談会を通して感じたことを一言ずつお願いします。

斉藤　普段，ピアスタッフと一緒に仕事をする立場として，正直なところ難しさを感じることもあります。しかし，多職種の皆様とのこの座談会で，新たな発見ができたことに感謝です。ピアスタッフも交えて多職種で対話できる，こういう雰囲気を福祉業界にもっと広げていくことが私の新たなミッションだと思っています。ピアの形は数々あれど，まず福祉に携わる我々が，どれだけ当事者目線というか，「自分がもし福祉を利用する立場なら」という感覚を常に持っていることは必須で，ピアスタッフはその先端を走り続ける存在である，そんな初心を思い出させてもらいました。

岩谷　ピアスタッフについて語り合うという座談会でしたが，ピアスタッフというひとつの役割や仕事について話をするだけでなく，いまの精神科医療のかたちを見つめ直すという作業でもあったように思います。その上で，ピアスタッフが広がっていったあとの精神科医療の未来についても話しあうことができました。そういう大切な話というものは，今日のようにたくさんの立場や経験，視点が必要だということも改めて感じましたし，そのように対話すること自体が，これから必要になっていくと思います。

宮本　ピア，ピアサポート，ピアスタッフについて，みなさんの思っているところをお聞きできたり，いろいろ考えていたことを少し話せたり，とても楽しかったです。自分の中でわかっていないことも多いですし，整理できていないところもたくさんありつつ，こうしてそれぞれの

見方を持ち寄り，言葉にしていく中で見えてくるものがあるなぁ，と感じました。岩谷さんと同じですが，さまざまな立場から経験を持ち寄り対話することが必要で，この本の企画も今後のそういった対話のきっかけとなったら素晴らしいなと思います。

　加藤　今日の座談会は，まさに対話と協働の場になりましたね！　斉藤さん，岩谷さん，宮本さん，今日はすてきな時間をありがとうございました。

おわりに

　本書にはピアスタッフに関するすべてが語りつくされており，読者の
みなさまはたくさんのヒントを得られたことでしょう。これを生かさな
い手はありません。この本を羅針盤にしながら，ぜひ自分の目指すとこ
ろへ向かって，できることから行動に移していってください。

　最後にひと言だけみなさまへのメッセージを添えて「おわりに」にか
えたいと思います。

　事業所に雇用され，事務や清掃の仕事だけをするのが「ピアスタッ
フ」ではありません。周りの専門職と同じように，利用者と「支援する
―される」という関わりだけをもつのがピアスタッフではありません。
本書をきっかけに，ピアサポートの感覚を大切にした「本物の」ピアス
タッフが活躍していけることを心から願っています。

　監修をお引き受けくださった大島先生、ご寄稿いただいた皆さまに心
から御礼を申し上げます。

　編者の岩谷さん，斉藤さん，宮本さん。企画から座談会への参加に至
るまで，ご協力くださりありがとうございました。

　本書を出版する機会をくださった星和書店の石澤さん，編集の岡部さ
ん，太田さん，ありがとうございました。

　そして本書を手にとってくださったみなさまに，心より感謝申し上げ
ます。

2019 年 7 月

編者代表　加藤伸輔

監修者

大島　巌（おおしま いわお）

日本社会事業大学教授，および認定特定非営利活動法人地域精神保健福祉機構（コンボ）代表理事。サービス利用当事者・実践家等が協働・共創して，効果的な支援プログラムを開発・形成し，社会に実装する活動に関心を持ち，それに関わる研究・教育と実践に従事する。大学学部（保健学）学生時代からピアサポート活動に関与し，「ピアサポートの（心地よい）感覚」を身に付ける。東京大学大学院修了（保健学博士），国立精神・神経センター精神保健研究所室長，東京都立大学社会福祉学科助教授，東京大学大学院医学系研究科精神保健学分野助教授等を経て現職。2012-2017 年日本社会事業大学学長，2013-2015 年日本社会福祉教育学校連盟会長。現在，日本ソーシャルワーク学会副会長・理事，日本評価学会副会長・理事，日本社会福祉学会監事などを務める。

編者

加藤伸輔（かとう しんすけ）

ピアサポーター／ピアスタッフ。うつ病，統合失調症という診断を経て，双極性障害と診断されるまでに 13 年を要した。その後，自身の障害を受け入れてリカバリーの道を歩む。現在は，ピアサポートグループ在（http://zaipsg.wpblog.jp/）の運営をはじめ，ウェルネスを目指した活動に取り組みながらピアスタッフとしても働いている。自身の経験に基づく講演・執筆活動も積極的に行っている。

岩谷　潤（いわたに じゅん）

精神科医。社会学や心理学を学びながらぜんかれん（現みんなねっと・コンボ）などのアルバイトを経て，30 代で医学部を卒業。和歌山県の大学附属病院や精神科救急を担う公立病院に勤務後，訪問診療や多職種チームの可能性を信じて退職，千葉県の訪問型診療所・しっぽふぁーれで経験を積んだ。現在，ピアサポート活動のある和歌山大学保健センターに勤務，複数の診療所で訪問診療も行う。

斉藤　剛（さいとう つよし）

社会福祉士。明治学院大学 社会福祉学科卒。知的障がい・高齢等多分野で勤務し，精神障がい当事者活動に関心をもつ。ピアグループ立ち上げ支援を経て，NPO 法人レジストを設立し理事長就任（ソーシャルワーカー兼任）。当事者主体の福祉を目指し神奈川県川崎市でピアスタッフ雇用（障害者雇用）する福祉事業所等運営。講演・支援者のメンタルヘルス活動も行う。

宮本有紀（みやもと ゆき）

東京大学大学院医学系研究科精神看護学分野で精神保健看護の教育と研究に携わる。多様な視点がそれぞれ価値あるものとして扱われ，新しいものが生まれるような場や，それぞれの主体性を発揮しながら過ごせるような，人と人との関係性や対話のあり方に関心がある。「意図的なピアサポート（Intentional Peer Support: IPS）」（http://intentionalpeersupport.jp/）に取り組みながら，ピアサポートについて学んでいる。

執筆者（五十音順）

相川章子	（あいかわ あやこ）	：1章，2章，4章	
飯野雄治	（いいの ゆうじ）	：6章，7章	
磯田重行	（いそだ しげゆき）	：1章	
伊藤順一郎	（いとう じゅんいちろう）	：2章，7章	
伊藤知之	（いとう のりゆき）	：5章	
稲垣麻里子	（いながき まりこ）	：3章	
岩崎　香	（いわさき かおり）	：3章	
岩谷　潤	（いわたに じゅん）	：2章，7章，8章	
上野康隆	（うえの やすたか）	：3章	
加藤伸輔	（かとう しんすけ）	：1章，3章，7章，8章
彼谷哲志	（かや さとし）	：1章，3章	
川村　全	（かわむら たもつ）	：4章	
川村有紀	（かわむら ゆき）	：3章	
斉藤　剛	（さいとう つよし）	：2章，4章，5章，7章，8章
佐々木理恵	（ささき りえ）	：2章	
佐藤光展	（さとう みつのぶ）	：6章	
下平美智代	（しもだいら みちよ）	：2章，4章	
高柳　律	（たかやなぎ りつ）	：3章	
中田健士	（なかだ けんじ）	：6章	
西村聡彦	（にしむら としひこ）	：6章	
肥田裕久	（ひだ ひろひさ）	：6章	
松本衣美	（まつもと えみ）	：4章	
宮本有紀	（みやもと ゆき）	：1章，2章，7章，8章
柳　尚孝	（やなぎ ひさたか）	：3章	
矢部滋也	（やべ しげや）	：2章，5章	

ピアスタッフとして働くヒント

2019 年 9 月 20 日　初版第 1 刷発行

監 修 者　大 島　　巌

編　　者　加藤伸輔，岩谷　潤，斉藤　剛，宮本有紀

発 行 者　石 澤 雄 司

発 行 所　株式会社星 和 書 店

〒 168-0074　東京都杉並区上高井戸 1-2-5

電話　03（3329）0031（営業部）／03（3329）0033（編集部）

FAX　03（5374）7186（営業部）／03（5374）7185（編集部）

http://www.seiwa-pb.co.jp

印刷・製本　株式会社 光邦

Ⓒ 2019 星和書店　　　Printed in Japan　　　ISBN978-4-7911-1030-8

・ 本書に掲載する著作物の複製権・翻訳権・上映権・譲渡権・公衆送信権（送信可能
化権を含む）は（株）星和書店が保有します。

・ JCOPY 〈（社）出版者著作権管理機構 委託出版物〉
本書の無断複製は著作権法上での例外を除き禁じられています。複製される場合
そのつど事前に（社）出版者著作権管理機構（電話 03-3513-6969，
FAX 03-3513-6979，e-mail：info@jcopy.or.jp）の許諾を得てください。

双極性障がい（躁うつ病）と共に生きる

病と上手につき合い
幸せで楽しい人生をおくるコツ

加藤伸輔 著

四六判　208p　定価：本体1,500円＋税

繰り返す「うつ」はうつ病でなく双極性障がいかもしれない。双極性障がいと診断されるまで13年を要した著者が実体験をもとに、その症状や治療、障がいと上手につき合っていくコツなどを伝える。

〈特集〉「ピア」が拓く新しい支援

季刊 **精神科臨床サービス**
　　　13巻1号

B5判　定価：本体2,200円＋税

ピア（精神的困難を経験した人）によるサポート活動は，リカバリーやエンパワーメントの観点から，世界的にもその有効性が認められている。我が国でも，ピアカウンセリング，退院促進事業のピアサポーター，専門職としての当事者サービス提供者まで，多様な形で広がりつつある。本特集では，世界と日本の動向を検証し，を受けた側，雇用サイドの率直な声に学びつつ，専 シップや精神保健福祉サービスそのものに新たな ート活動」の可能性を探る。本邦初のチャレン

ttp://www.seiwa-pb.co.jp

ピアスタッフとして働くヒント

2019 年 9 月 20 日　初版第 1 刷発行

監 修 者　大 島　　巌

編　　者　加藤伸輔，岩谷　潤，斉藤　剛，宮本有紀

発 行 者　石 澤 雄 司

発 行 所　株式
　　　　　会社星 和 書 店

　　　　　〒 168-0074　東京都杉並区上高井戸 1-2-5

　　　　　電 話　03（3329）0031（営業部）／03（3329）0033（編集部）

　　　　　FAX　03（5374）7186（営業部）／03（5374）7185（編集部）

　　　　　http://www.seiwa-pb.co.jp

印刷・製本　株式会社　光邦

Ⓒ 2019 星和書店　　　　　Printed in Japan　　　　ISBN978-4-7911-1030-8

・本書に掲載する著作物の複製権・翻訳権・上映権・譲渡権・公衆送信権（送信可能
　化権を含む）は（株）星和書店が保有します。

・ JCOPY 〈（社）出版者著作権管理機構 委託出版物〉
　本書の無断複製は著作権法上での例外を除き禁じられています。複製される場合は，
　そのつど事前に（社）出版者著作権管理機構（電話 03-3513-6969，
　FAX 03-3513-6979，e-mail：info@jcopy.or.jp）の許諾を得てください。

双極性障がい（躁うつ病）と共に生きる

病と上手につき合い
幸せで楽しい人生をおくるコツ

加藤伸輔 著

四六判　208p　定価：本体 1,500円＋税

繰り返す「うつ」はうつ病でなく双極性障がいかもしれない。双極性障がいと診断されるまで 13 年を要した著者が実体験をもとに、その症状や治療、障がいと上手につき合っていくコツなどを伝える。

〈特集〉「ピア」が拓く新しい支援

季刊 **精神科臨床サービス**
　　　　13巻1号

B5判　定価：本体 2,200円＋税

ピア（精神的困難を経験した人）によるサポート活動は、リカバリーやエンパワーメントの観点から、世界的にもその有効性が認められている。我が国でも、ピアカウンセリング、退院促進事業のピアサポーター、専門職としての当事者サービス提供者まで、多様な形で広がりつつある。本特集では、世界と日本の動向を検証し、ピアスタッフ本人、支援を受けた側、雇用サイドの率直な声に学びつつ、専門職と当事者のパートナーシップや精神保健福祉サービスそのものに新たな地平を拓く「ピアによるサポート活動」の可能性を探る。本邦初のチャレンジングな特集！

発行：星和書店　http://www.seiwa-pb.co.jp